Além da Ansiedade

Além da Ansiedade

Sabedoria para vencer as preocupações e angústias existenciais

Davi Lago

Editora Vida
Rua Conde de Sarzedas, 246 — Liberdade
CEP 01512-070 — São Paulo, SP
Tel.: 0 xx 11 2618 7000
atendimento@editoravida.com.br
www.editoravida.com.br
@editora_vida /editoravida

■

Todas as citações bíblicas e de terceiros foram adaptadas segundo o Acordo Ortográfico da Língua Portuguesa, assinado em 1990, em vigor desde janeiro de 2009.

■

As opiniões expressas nesta obra refletem o ponto de vista de seu autor e não são necessariamente equivalentes às da Editora Vida ou de sua equipe editorial.

Os nomes das pessoas citadas na obra foram alterados nos casos em que poderia surgir alguma situação embaraçosa.

Todos os grifos são do autor, exceto os indicados.

Editora-chefe: Sarah Lucchini
Editor responsável: Maurício Zágari
Preparação: Francine Torres
Revisão de provas: Rosalice Gualberto
Coordenadora de design gráfico: Claudia Fatel Lino
Projeto gráfico: Marcelo Alves de Souza
Diagramação: Carla Lemos
Capa: Vinicius Lira

1. edição: set. 2023

Dados Internacionais de Catalogação na Publicação (CIP)
(Câmara Brasileira do Livro, SP, Brasil)

Lago, Davi
Além da ansiedade : sabedoria para vencer as preocupações e angústias existenciais / Davi Lago. -- Guarulhos, SP : Editora Vida, 2023.

Bibliografia
ISBN 978-65-5584-442-9
e-ISBN 978-65-5584-443-6

1. Ansiedade - Aspectos religiosos - Cristianismo 2. Emoções - Aspectos religiosos - Cristianismo 3. Fé (Cristianismo) 4. Superação I. Título.

23-167778 CDD-248.86

Índice para catálogo sistemático:
1. Ansiedade : Aspectos religiosos : Cristianismo 248.86
Eliane de Freitas Leite - Bibliotecária - CRB 8/8415

Para Natalia,
mulher da minha vida.

Agradecimentos

AGRADEÇO especialmente à minha esposa, Natalia, por ser tão bondosa e amorosa comigo em todos estes anos. Obrigado por tudo, meu amor. Este livro é dedicado a você, que me ensina todos os dias a confiar em Deus.

Agradeço à minha filha, Maria, por seu carinho, alegria e amizade. Eu amo você demais, filha. Natalia e Maria, vocês são minha vida.

Agradeço a meus pais, Elienos e Esmeralda; meus sogros, Roberto e Dirce; e a toda a minha família Lago/Paly/Assunção — tão presente e amorosa.

Agradeço aos meus amigos e amigas, especialmente à família Buffara: Gustavo e Carol, Rebeca, Sarah e Benjamin. Buffaras, eu amo muito vocês e certamente não chegaria aqui sem o apoio que vocês dão para mim e para minha família.

Agradeço a toda equipe da Editora Vida pelo convite generoso e pelo apoio para a concretização deste livro, especialmente Pr. Omar, Renan, meu velho amigo Zágari, Francine, Lira e Vitoria Dozzo. Até agora não acredito que conseguimos terminar o livro em tempo recorde, sem ansiedade.

Sumário

Introdução 11

Parte 1
Sabedoria para vencer a ansiedade

1. **Autodestruição**
A insensatez da ansiedade 27

2. **Sobrecargas ansiosas**
A sabedoria de dizer "não" 43

3. **Fé e razão contra a ansiedade**
A sabedoria de contemplar, refletir e confiar 59

4. **Ansiedades existenciais**
A sabedoria de priorizar Deus 83

5. **Não viva mil dias em um**
A sabedoria de viver um dia de cada vez 105

Parte 2
Encorajamento para vencer a ansiedade

6. **Da ansiedade à oração**
Encorajamento para orar 123

7. **Lance sua ansiedade em Deus**
Encorajamento para perseverar 135

Conclusão 145

Sobre o autor 159

Notas 163

Introdução

"MINHAS ansiedades têm ansiedades", lamentou Charlie Brown, personagem do cartunista Charles M. Schulz.[1] Como explicam os historiadores da ansiedade, a partir da segunda metade do século 20, os termos "ansiedade" e "estresse" tornaram-se populares para denominar todo tipo de mal-estar físico e psíquico caracterizado por uma inquietação angustiante.[2] Em 1947, por exemplo, W. H. Auden publicou o poema vencedor do Prêmio Pulitzer *A Era da Ansiedade*,[3] no qual abordou o anseio humano de encontrar fé e identidade em um mundo cada vez mais industrializado e caracterizado por constantes mudanças. Inspirado pelo poema de Auden, o compositor Leonard Bernstein batizou sua Sinfonia nº 2 com a mesma expressão, por ser capaz de sintetizar o espírito da época: *A Era da Ansiedade*.[4] Para além do âmbito artístico, uma mudança significativa nas discussões sobre ansiedade ocorreu em 1980, quando a Associação Americana de Psiquiatria definiu e catalogou pela primeira vez no terceiro Manual Diagnóstico e Estatístico de Transtornos Mentais (DSM-II-I)[5] o Transtorno de Ansiedade Generalizada (TAG) como um dos transtornos mentais passíveis de tratamento psiquiátrico.

No início do século 21, a Organização Mundial da Saúde (OMS) afirmou que o sofrimento relacionado às ansiedades se tornou o principal problema de saúde mental no mundo. No ano de 2019, constatou-se que 301 milhões de pessoas viviam com algum transtorno de ansiedade — incluindo 58 milhões de crianças e adolescentes —, ultrapassando os 280 milhões que sofriam com algum transtorno de depressão.[6] Dois anos antes, a OMS afirmou que o Brasil era o país mais ansioso do mundo — com 9,3% dos brasileiros sofrendo de ansiedade —, seguido por Paraguai (7,6%), Noruega (7,4%), Nova Zelândia (7,3%) e Austrália (7%).[7] Depois da pandemia da covid-19, houve um aumento de 25% dos casos de ansiedade no mundo em relação à estimativa inicial.[8] Diante desse contexto de ansiedade, podemos destacar seis pontos introdutórios que podem trazer maior nitidez ao tema:

1. Embora a ansiedade seja um tema com destaque nas sociedades modernas, ela é um fenômeno universal e atemporal na experiência humana.

A ansiedade sempre fez parte da condição humana, havendo relatos de suas diversas manifestações desde a Antiguidade — incluindo fenômenos como timidez aguda e medo do palco.[9] As mais variadas culturas utilizaram diferentes estruturas médicas, religiosas, filosóficas, psicológicas, morais e sociais para caracterizar a ansiedade e seus transtornos.[10] Vocábulos foram criados e desenvolvidos especialmente para se referir aos sintomas que hoje chamamos de "ansiedade". Nas línguas românicas, é comum os termos "ansiedade" e "angústia"[11] estarem relacionados. Esses termos são derivados respectivamente dos termos latinos *anxietas* e *angor*, que por sua vez têm a mesma raiz do termo protoindo-europeu *ank*, que significa "estreito".[12] Ansiedade está, portanto, associada aos sentimentos de sufocamento, estreitamento e aflição. Marc-Antoine Crocq destacou que essa mesma noção de estreitamento e aflição está presente no termo hebraico *tsar* — que aparece, por exemplo, no livro de Jó: "Na *aflição* do meu espírito desabafarei" (Jó 7.11, grifo nosso).[13]

2. Há várias abordagens para definir e lidar com a ansiedade, por se tratar de um fenômeno plurietiológico (que tem várias causas) e multifatorial (que envolve múltiplos fatores e dimensões).

Allan V. Horwitz, autor de obra de referência sobre a história da ansiedade para a Universidade Johns Hopkins — uma das instituições acadêmicas de medicina mais respeitadas do mundo —, cita quatro abordagens proeminentes da ansiedade na história:

- Abordagens biológicas — Enfatizam os aspectos somáticos da ansiedade como desregulação hormonal, falta de nutrientes ou condições genéticas. É uma abordagem com representantes da medicina hipocrática à medicina moderna.
- Abordagens psicológicas — Enfatizam a vulnerabilidade psicológica e os estilos de personalidade, isto é, a atenção está em características pessoais que desencadeiam ansiedade. Aristóteles, por exemplo, distinguiu na Antiguidade as personalidades ansiosas dos transtornos de ansiedade: "O homem que é por natureza apto a temer tudo, até o guincho de um rato, é covarde [...], enquanto o homem que temia uma doninha o fazia por causa de uma doença".[14] Segundo essa classificação, homens que temiam tudo (covardes) tinham personalidades ansiosas e, assim, predisposições permanentes para sentirem medo e ansiedade. Em contraste, pessoas com medos irracionais de objetos inofensivos (por exemplo, doninhas), provavelmente enfrentavam alguma doença.
- Abordagens sociais e culturais — Enfatizam fatores de toda a sociedade para o desenvolvimento da ansiedade, como condições de vida estressantes, padrões de vida dissolutos, mudanças sociais bruscas, inseguranças econômicas e desejos não realizados. O médico escocês George Cheyne é considerado um dos criadores dessa abordagem.
- Abordagens filosóficas e religiosas — Enfatizam a questão da angústia existencial e temas como culpa, falhas morais, imperfeições espirituais, o sentido da morte e o sentido da vida. As principais tradições religiosas da humanidade, de algum modo, tocam na questão da ansiedade existencial por apontarem algum significado ou explicação para a vida e o sofrimento.

Conforme Horwitz, em alguns períodos da história uma única forma de abordagem ganhou destaque indiscutível, em outros, diversas escolas de pensamento competiram por adeptos. No início do século 21, predominou o paradigma biopsicossocial, que se propõe a integrar fatores temperamentais e ambientais em uma única abordagem.[15] Horwitz afirma que, apesar dos avanços científicos, os cientistas na ponta da pesquisa reconhecem que há muitos aspectos que permanecem incompreendidos na ansiedade: "O grande paradoxo da ansiedade no século 21 é que, apesar do progresso sem precedentes nas capacidades de visualizar redes, neurotransmissores e genes, nossas definições de ansiedade e seus distúrbios, e nosso entendimento sobre as causas e tratamentos podem não ser significativamente melhores do que aqueles possuídos pela medicina hipocrática".[16]

3. As diversas abordagens da ansiedade reconhecem e destacam que há aspectos positivos nas emoções ansiosas.

Os aspectos negativos da ansiedade são amplamente conhecidos: tristeza, sofrimento por antecipação, dores no corpo, asfixia cognitiva, desespero, e assim por diante. No entanto, mesmo o senso comum compreende que há preocupações e ansiedades que podem ser "boas" e saudáveis. Por exemplo, utilizamos expressões como "ela está ansiosa para a festa" para descrever não uma pessoa com angústia, mas com expectativa, entusiasmo, empolgação e alegria, diante de um evento feliz. Diversos estudos afirmam a importância de determinadas preocupações como manifestação do instinto humano de autoconservação e cuidado com seus entes queridos. Desse modo, as diversas abordagens da ansiedade procuram distinguir o que seriam ansiedades aceitáveis em oposição às ansiedades indesejáveis.

4. As abordagens desenvolvidas pelos profissionais de saúde sistematizam continuamente o conhecimento científico disponível e refinam os tratamentos para distúrbios patológicos e manifestações específicas da ansiedade.

Para a medicina contemporânea, o estado de ansiedade não é um problema, sendo compreendido como um sinal que põe o indivíduo

Os aspectos negativos da ansiedade são amplamente conhecidos: tristeza, sofrimento por antecipação, dores no corpo, asfixia cognitiva, desespero, e assim por diante.

em estado de alerta quanto a um perigo iminente, de modo que ele possa tomar as medidas necessárias para lidar com tal ameaça. Os transtornos de ansiedade, por sua vez, diferem do mero estado de ansiedade e são considerados doenças psiquiátricas comuns. Por exemplo, as versões mais atuais de documentos como o Manual Diagnóstico e Estatístico de Transtornos Mentais da Associação Americana de Psiquiatria (DSM'-5-TR, de 2022) e a Classificação Estatística Internacional de Doenças e Problemas Relacionados com a Saúde da OMS (CID-11, de 2018) conceituam os seguintes transtornos:

- Transtorno de ansiedade de separação — Excessivo temor ou ansiedade relacionados à separação de figuras de apego. Em crianças e adolescentes, a ansiedade é direcionada a cuidadores, pais ou outros membros da família. Em adultos, o foco é, normalmente, o parceiro ou os filhos.[17]
- Mutismo seletivo — Fracasso persistente para falar em situações sociais específicas nas quais se espera um discurso, apesar de falar em outras situações. A perturbação interfere na realização educacional ou profissional, ou na comunicação social. A duração mínima da perturbação é um mês (não limitada ao primeiro mês de escola). O fracasso para falar não se deve a um desconhecimento ou desconforto com o idioma exigido pela situação social.[18]
- Fobia específica — É caracterizada por medo ou ansiedade acentuada relacionada a uma situação ou objeto específico, como animais (insetos, cães), altura, tempestade, água, sangue, ferimentos, injeções, elevadores, aviões, lugares fechados, vômitos e palhaços. Nesse caso, o temor é desproporcional ao perigo real.[19]
- Transtorno de ansiedade social — Medo excessivo em lidar com situações sociais e de desempenho diante de outros, podendo causar isolamento, medo de ser humilhado, julgado,

ridicularizado por terceiros, o que prejudica a vida social, pessoal e profissional.[20]

- Transtorno de pânico — É caracterizado por ataques súbitos de pânico e ansiedade, de modo recorrente e inesperado, não relacionados a estímulos ou situações específicas.[21] Os ataques geram intenso temor, ou apreensão, acompanhado de sintomas como palpitações, sudorese, tremores, falta de ar, tontura, calafrios, ondas de calor e medo intenso da morte. Normalmente, o pico de intensidade ocorre em dez minutos, não durando mais do que vinte ou trinta. A frequência e a gravidade dos ataques são variáveis, podendo ser diários, semanais ou eventuais — apenas alguns durante o ano.[22]
- Agorafobia — Medo ou ansiedade marcantes relacionados a duas ou mais das cinco situações seguintes: uso de transporte público (ex.: automóveis, ônibus, trens, navios, aviões); permanência em espaços abertos (ex.: áreas de estacionamentos, mercados, pontes); permanência em locais fechados (ex.: lojas, teatros, cinemas); permanência em uma fila ou em meio a uma multidão; saída de casa desacompanhado. O indivíduo tem medo ou evita essas situações devido a pensamentos de que pode ser difícil escapar ou de que o auxílio pode não estar disponível caso apresente sintomas de pânico ou outros sintomas incapacitantes ou constrangedores (ex.: no caso de idosos, medo de cair; medo de incontinência).[23]
- Transtorno de ansiedade generalizada — É caracterizado por apreensão ou preocupação excessiva em relação a múltiplas questões do dia a dia. O indivíduo também pode apresentar tensão muscular, hiperatividade, nervosismo, dificuldade de concentração, irritabilidade, distúrbios de sono, sudorese, náuseas, diarreia, dores de cabeça e respostas exageradas de sobressalto a estímulos geralmente inócuos, como o barulho. Para o diagnóstico, é requerido que os sintomas estejam presentes na maior parte do tempo, por, pelo menos, alguns meses.[24]

5. As abordagens filosóficas e teológicas procuram interpretar especialmente a ansiedade existencial, relacionada a questões como sentido da vida, medo da morte, culpa e felicidade.

Na filosofia, há uma longa tradição — tanto nos escritos ocidentais quanto nos orientais — que examina a ansiedade em conexão com questões existenciais e morais, incapazes de serem compreendidas e enfrentadas apenas com ansiolíticos. A professora Bettina Bergo afirma que a farmacopeia contemporânea por si só não pode virar a página da "era da ansiedade" anunciada pelo poeta Auden.[25] Bergo publicou uma obra monumental explorando a discussão filosófica no Ocidente sobre a ansiedade, passando por nomes como Platão, Sêneca, Kant, Schopenhauer, Kierkegaard, Heidegger e Levinas.

6. Historicamente, a fé cristã contribuiu direta e indiretamente com as diferentes abordagens da ansiedade.

Dada a envergadura bimilenar da fé cristã, é possível identificar sua influência nas quatro abordagens sintetizadas por Horwitz. Por exemplo, a fé cristã contribuiu decisivamente ao originar e impulsionar duas instituições centrais do mundo moderno: os hospitais e as universidades. O hospital como o conhecemos, isto é, uma instituição na qual os pacientes são alojados e recebem tratamentos médicos, tem origem relativamente recente. Considera-se que o primeiro hospital foi organizado por Basílio Magno, arcebispo de Cesareia, em 369, durante o Império Bizantino.[26] A ascensão hospitalar foi resultado de muitas circunstâncias, sendo a principal delas a fé cristã e seu mandato de caridade, especialmente para com as pessoas empobrecidas e desfavorecidas.[27] Diferentemente dos pais da Igreja latinos, os pais da Igreja gregos foram capazes de integrar a medicina pagã à ética cristã. Assim, foi o cuidado dos doentes motivado pela caridade cristã que levou diretamente à fundação dos hospitais pela igreja oriental.[28] No século 9, as igrejas multiplicaram os hospitais na Europa ocidental — o hospital mais antigo em funcionamento no mundo é o Hospital São Bartolomeu, em Londres, fundado em 1123.[29] Além dos hospitais, a igreja cristã deu origem às universidades, que impulsionaram a ciência moderna.[30] Os dois exemplos apresentados são suficientes para ilustrar o fato de que todos os desdobramentos modernos das ciências médicas, incluindo as abordagens biológicas, psicológicas e sociais da ansiedade, têm a marca indelével da influência cristã.

Em relação às abordagens filosóficas, a fé cristã apresentou um modo distinto de refletir sobre a ansiedade e construiu um rico repertório teológico e pastoral no curso dos séculos. Podemos citar dois estudiosos que deram sua contribuição sobre o tema no século passado: Paul Tillich e Hans Urs von Balthasar. O teólogo protestante Paul Tillich, em sua obra *The courage to be*,[31] descreveu a ansiedade existencial como um estado de desamparo, uma sensação dolorosa caracterizada pela perda de direção e falta de intencionalidade que se desdobra em três dimensões.

A primeira e mais importante é a ansiedade sobre o destino e a morte, que emerge no confronto do ser humano com a ameaça real de morte. O ser humano é capaz de refletir sobre sua mortalidade e a possibilidade de não ser, assim, a ansiedade da morte é o medo final porque fornece o contexto para a seriedade de todos os outros medos. A segunda dimensão da ansiedade está relacionada ao vazio e à falta de sentido em existir, isto é, o medo de que a vida, o mundo e todo o resto não tenham significado algum. A terceira dimensão é a ansiedade da culpa e da condenação, que envolve a ameaça à nossa identidade moral e ética, ou seja, a ansiedade de que nosso comportamento não corresponda aos padrões morais que assumimos. Desse modo, Tillich enfatizou o caráter ontológico da ansiedade existencial, isto é, a relação que existe entre as estruturas do ser e a ansiedade.[32]

O teólogo católico Hans Urs von Balthasar, por sua vez, abordou o tema em sua obra *The christian and anxiety*[33]. Balthasar partiu da constatação de que as Escrituras não ignoram o sentimento universal de desespero ansioso do ser humano. Tanto no Antigo Testamento quanto no Novo são apresentadas diversas imagens de como somos dominados pela solidão e pelas trevas, sentindo-nos alienados de Deus. Em Jó 24.16,17 encontramos um exemplo desse quadro de ansiedade: "No escuro os homens invadem casas, mas de dia se enclausuram; não querem saber da luz.

Em relação às abordagens filosóficas, a fé cristã apresentou um modo distinto de refletir sobre a ansiedade e construiu um rico repertório teológico e pastoral no curso dos séculos.

Para eles a manhã é tremenda escuridão, eles são amigos dos pavores das trevas". Em Jesus Cristo, todas as ansiedades são resumidas e potencializadas ao infinito, porque a pessoa que sofre nesta natureza humana é o próprio Deus infinito. Assim, na cruz, ao sofrer a aflição do abandono de Deus, Jesus bradou: "Deus meu, Deus meu, por que me desamparaste?". Essa aflição vivenciada por Jesus na cruz tem correspondência nas dores de parto e é geradora de uma nova vida a partir da ressurreição de Jesus. Os cristãos podem viver libertos da ansiedade, pois Jesus venceu o mundo (João 16.33) e o último inimigo, a morte (1 Coríntios 15.26). Por tudo isso, a ansiedade que passa pela cruz se torna fecunda, gerando um novo nascimento e um novo mundo.

* * *

Para além de todas as outras abordagens, a fé cristã constituiu um modo próprio de lidar com a ansiedade. Conforme Jesus, a ansiedade é a crise da fé na providência divina e precisa ser enfrentada em nossa própria vida. Assim, o objetivo deste livro é examinar os três textos sobre a ansiedade espiritual mais importantes do Novo Testamento — Mateus 6.24-34;[34] Filipenses 4.2-9; e 1 Pedro 5.5-11 — e apresentar um conjunto de reflexões bíblicas e orientações pastorais práticas. Minha oração é para que este livro possa ser uma bênção em sua vida. Em Cristo há sabedoria para viver *além da ansiedade*.

PARTE 1

Sabedoria para vencer a ansiedade

O ensino de Jesus sobre as preocupações da vida

Não acumulem para vocês tesouros na terra, onde a traça e a ferrugem destroem, e onde os ladrões arrombam e furtam. Mas acumulem para vocês tesouros no céu, onde a traça e a ferrugem não destroem, e onde os ladrões não arrombam nem furtam. Pois onde estiver o seu tesouro, aí também estará o seu coração. Os olhos são a candeia do corpo. Se os seus olhos forem bons, todo o seu corpo será cheio de luz. Mas se os seus olhos forem maus, todo o seu corpo será cheio de trevas. Portanto, se a luz que está dentro de você são trevas, que tremendas trevas são!

Ninguém pode servir a dois senhores; pois odiará um e amará o outro, ou se dedicará a um e desprezará o outro. Vocês não podem servir a Deus e ao Dinheiro.

Portanto eu lhes digo: não se preocupem com sua própria vida, quanto ao que comer ou beber; nem com seus próprios corpos, quanto ao que vestir. Não é a vida mais importante do que a comida, e o corpo mais importante do que a roupa?

Observem as aves do céu: não semeiam nem colhem nem armazenam em celeiros; contudo, o Pai celestial as alimenta. Não têm vocês muito mais valor do que elas? Quem de vocês, por mais que se preocupe, pode acrescentar uma hora que seja à sua vida? Por que vocês se preocupam com roupas? Vejam como crescem os lírios do campo. Eles não trabalham nem tecem. Contudo, eu lhes digo que nem Salomão, em todo o seu esplendor, vestiu-se como um deles. Se Deus veste assim a erva do campo, que hoje existe e amanhã é lançada ao fogo, não vestirá muito mais a vocês, homens de pequena fé?

Portanto, não se preocupem, dizendo: "Que vamos comer?" ou "que vamos beber?" ou "que vamos vestir?". Pois os pagãos é que correm atrás dessas coisas; mas o Pai celestial sabe que vocês precisam delas. Busquem, pois, em primeiro lugar o Reino de Deus e a sua justiça, e todas essas coisas lhes serão acrescentadas.

Portanto, não se preocupem com o amanhã, pois o amanhã se preocupará consigo mesmo. Basta a cada dia o seu próprio mal.

Mateus 6.19-34

Capítulo 1

Autodestruição

A insensatez da ansiedade

JESUS lidou com o tema da ansiedade de modo explícito e reiterado nos evangelhos. Nesta primeira parte do livro, examinaremos uma de suas abordagens mais completas do assunto, conforme registrada em Mateus 6.19-34. O contexto desse trecho é o que tradicionalmente chamamos de Sermão do Monte, o primeiro dos cinco discursos longos de Jesus registrados neste evangelho.[35] Esse sermão é um verdadeiro monumento literário e, simplesmente, a peça retórica mais conhecida e analisada de todos os tempos.[36] Não é por menos. Jesus apresenta nessa mensagem uma síntese primorosa de instruções práticas sobre como deve ser o caráter e a vida diária de seus discípulos e discípulas.

A fala de Jesus sobre a ansiedade começa logo após ele ensinar a oração mais famosa do mundo, o Pai-Nosso, e dar orientações sobre a prática do jejum. Essa fala é dividida em duas partes principais. Na primeira, Jesus fala sobre as fontes das preocupações malignas (vs. 19-24). Na segunda, ele apresenta argumentos, orientações práticas e encorajamentos para seus discípulos triunfarem sobre a ansiedade (vs. 25-34). Jesus foi muito enfático ao advertir três vezes consecutivas: "Não se preocupem!":

1. "Não se preocupem com sua própria vida quanto ao que comer" (v. 25).
2. "Não se preocupem, dizendo: 'Que vamos comer?'" (v. 31).
3. "Não se preocupem com o amanhã" (v. 34).

Preocupações boas e preocupações más

Para entendermos as palavras de Jesus sobre a ansiedade, precisamos ressaltar, antes de tudo, uma distinção essencial: existem preocupações *benignas* e preocupações *malignas*. No texto grego do Novo Testamento, o termo habitualmente traduzido para o português como "preocupação" ou "cuidado" é *merimnate*.[37] Esse termo é moralmente neutro, ou seja, dependendo do contexto, pode significar uma preocupação boa ou má.

No Novo Testamento, encontramos bons exemplos de preocupações que são consideradas positivas e saudáveis:

- Em Filipenses 2.20, Timóteo é elogiado por se preocupar amorosa e verdadeiramente com o bem-estar das pessoas.
- Em 1 Coríntios 7.34, a mulher solteira é referida como alguém que pode se preocupar com as coisas do Senhor.
- Em 1 Coríntios 12.25, o apóstolo Paulo enfatiza a importância da preocupação mútua entre os membros do corpo de Cristo, pois desse modo não haverá divisão no próprio corpo.

Por outro lado, as preocupações que sobrecarregam o coração de pecados, tornando-nos insensíveis e sem discernimento espiritual (Lucas 21.34) são consideradas malignas; isso também se aplica às preocupações da vida e ao engano das riquezas que sufocam a Palavra de Deus no coração (Mateus 13.22).

A palavra *merimnate* é neutra, mas não é morna; ela é sempre calorosa, indicando agitação interior. Isso significa dizer que nossas preocupações podem ser um ímpeto construtivo ou destrutivo. Por isso, Jesus denunciou categoricamente as preocupações malignas que ameaçam se apoderar de nós, alertando-nos: "Não se preocupem" (vs. 25,31,34).

O que torna essas preocupações mencionadas por Jesus malignas? A resposta está na fonte delas — um coração dividido, incapaz de confiar integralmente em Deus. No Sermão do Monte, Jesus demarcou de forma muito nítida dois estilos de vida que são inconciliáveis: o que agrada a Deus e o que não agrada. Jesus não quer que seus discípulos permaneçam nas trevas, sem saber como viver, confundidos pelas neblinas conceituais, enganados por vãs esperanças. Assim, nessa passagem, Jesus falou sobre a escolha entre dois tesouros (celeste ou terreno), dois tipos de olhos (bons ou maus) e dois senhores (Deus ou Mamom). Com essas imagens, Jesus chamou a atenção para o valor que atribuímos aos bens materiais — o problema não são os bens materiais em si, mas vivermos focados neles, em função deles, dando-lhes um valor exagerado.

Jesus advertiu que não vale a pena priorizar "tesouros na Terra" (v. 19) porque eles são efêmeros, perecíveis e incertos — a traça, a ferrugem e o ladrão podem destruí-los. Além disso, os bens materiais são ilusórios e podem capturar tanto o "coração" como os "olhos" das pessoas. A pessoa gananciosa supõe que a riqueza traz luz ou felicidade, pois o dinheiro parece conferir um senso de importância e segurança. A esse respeito, o antigo provérbio diz: "A riqueza dos ricos é a sua cidade fortificada, eles a imaginam como um muro que é impossível escalar" (Provérbios 18.11). A sensação de poder que o dinheiro ilusoriamente confere imerge o ganancioso em "tremendas trevas" (v. 23) espirituais a ponto de ele começar a reverenciar as riquezas cegamente. Inconscientemente, o coração cobiçoso prende-se a correntes cada vez mais apertadas e, na prática, passa a atribuir ao dinheiro uma dimensão religiosa, depositando nele a esperança de salvação e alívio, bem como a perspectiva de futuro.

No entanto, Jesus desmascarou essa situação ao dizer: "Vocês não podem servir a Deus e a Mamom". O termo aramaico *mamom*, em sua transliteração grega, significa "dinheiro", "prosperidade" e "propriedade". Jesus utilizou essa palavra para se referir a uma força demoníaca personificada, por isso muitas traduções em português costumam grafá-la com letra maiúscula — "Mamom" ou "Dinheiro". Foi exatamente isto que Jesus fez — ele denunciou o dinheiro como um falso deus, uma entidade que exige a devoção das pessoas.

O nome Mamom denota a estrutura religiosa do materialismo. Hans Dieter Betz afirma que desde a Antiguidade já se havia "reconhecido que a busca implacável de dinheiro e posses equivale à adoração de uma pseudodivindade".[38] Assim, a cobiça é mencionada explicitamente como uma forma de idolatria (Colossenses 3.5; Efésios 5.5). Jesus alertou sobre quão perigoso é colocarmos nosso coração no dinheiro, visto que é tão fácil sermos escravizados por ele. "Os que querem ficar ricos caem em tentação, em armadilhas e em muitos desejos descontrolados e nocivos, os quais levam à ruína e à destruição, *pois o amor ao dinheiro é a raiz de todos os males*" (1 Timóteo 6.9,10, grifo nosso).

Diante desse ensino, Jesus exige um posicionamento — "Ninguém pode servir a dois senhores; pois odiará um e amará o outro, ou se dedicará a um e desprezará o outro. Vocês não podem servir a Deus e a Mamom" (v. 24, ARC).[39] A lealdade máxima de uma pessoa deve convergir em um único ponto. É um ou outro, Deus ou Dinheiro. A ausência de neutralidade é notável. As ordens desses dois senhores são diametralmente opostas e não podem coexistir. O caminho de Deus exige amor, abertura, humildade. Por isso Jesus disse: "Bem-aventurados os pobres em espírito" (Mateus 5.3). O pobre em espírito é aquele que não confia em si mesmo nem nas riquezas materiais, mas em Deus. Já o caminho de Mamom é pautado na ganância, no orgulho, no egoísmo. Quando amamos Mamom, nosso amor está em nós mesmos. É preciso escolher — servir a Deus em liberdade ou servir Mamom na escravidão. A pessoa que tentar andar em dois caminhos opostos ao mesmo tempo se rasgará ao meio.

É exatamente nesse contexto que Jesus inicia as advertências contra as preocupações malignas: "Portanto eu lhes digo: não se preocupem com sua própria vida, quanto ao que comer ou beber; nem com os próprios corpos, quanto ao que vestir. Não é a vida mais importante do que a comida, e o corpo mais importante do que a roupa?" (v. 25). Nesse contexto, é muito importante destacarmos a palavra "portanto". Jesus conectou diretamente sua exortação sobre a ansiedade à questão sobre Deus ou Dinheiro, Deus ou Seguranças Materiais. Jesus ensinou que toda preocupação que brota de um coração dividido é uma preocupação maligna, que dá vazão à ansiedade destruidora e, portanto, precisa ser combatida. Em síntese, Jesus apresenta dois comportamentos relacionados e complementares aos filhos de Deus — diante dos bens terrenos, o total desapego; diante da providência divina, a confiança absoluta e filial.

Efeitos destruidores da ansiedade

Quando tentamos conciliar dois modos de vida completamente incompatíveis, a ansiedade nos invade e começamos a desmoronar interiormente. Depois de falar sobre as fontes mais profundas da ansiedade na primeira parte do seu discurso (Mateus 6.19-24), Jesus indica quais são os efeitos da ansiedade e apresenta orientações para combatê-los (Mateus 6.25-34). O ensino de Jesus Cristo é um manancial inesgotável de sabedoria. Vamos examinar pelo menos dez efeitos devastadores da ansiedade mencionados por ele:

1. Ansiedade distorce o significado da vida

Quando a ansiedade aumenta, enxergamos a vida de uma forma minúscula, superficial, reducionista. Porém Jesus disse: "Não se preocupem com suas próprias vidas, quanto ao que comer ou beber; nem com seus próprios corpos, quanto ao que vestir. Não é a vida mais importante do que a comida, e o corpo mais importante do que a roupa?" (v. 25). Nesse texto, ao falar de "vida e corpo", Jesus aborda a vida na sua forma integral — literalmente, "alma" (*psyche*) e "corpo" (*soma*) — e diz que a ansiedade é inapropriada em ambos os casos. A ansiedade nos leva a considerar a vida humana como um mero mecanismo fisiológico que necessita de energia e proteção, como se a sobrevivência físico-psíquica fosse tudo que importa. A ansiedade nos leva a entender o corpo apenas como algo a ser vestido como um manequim. Mas, conforme Jesus, a vida não se resume ao mecânico e vicioso "trabalhar-para comer-comer-para trabalhar".

Jesus ensinou que toda preocupação que brota de um coração dividido é uma preocupação maligna, que dá vazão à ansiedade destruidora e, portanto, precisa ser combatida.

2. Ansiedade prejudica o raciocínio e diminui a autoestima

Pessoas ansiosas têm dificuldade de pensar e agem por impulso. Nesse caso, a impaciência e a precipitação falam mais alto. Jesus disse: "Observem as aves do céu: não semeiam nem colhem nem armazenam em celeiros; contudo, o Pai celestial as alimenta. Não têm vocês muito mais valor do que elas?" (v. 26). A ansiedade nos impede de aquietar a alma, observar com calma a situação e tomar decisões refletidas. A falta de reflexão resulta em erros bobos, palavras ásperas, arrependimentos sem fim e, consequentemente, autoestima fragilizada. É comum que pessoas ansiosas se sintam inferiores e menos importantes que passarinhos e plantas. A preocupação crônica faz emergir um sentimento de incompetência.

3. Ansiedade desgasta e não acrescenta nada bom

A ansiedade é uma perda total de tempo e energia. Ela não apenas nos desgasta como também não acrescenta nada de aproveitável: "Quem de vocês, por mais que se preocupe, pode acrescentar uma hora que seja à sua vida?" (v. 27). No texto em grego, a pergunta não se refere ao acréscimo de horas, mas de côvados: "[...] pode acrescentar um côvado ao curso da existência?".

O côvado era uma unidade de medida muito comum nos tempos antigos, correspondendo à medida entre o cotovelo e a ponta do dedo médio. Isso é interessante poque que o côvado era uma medida simples, algo como dar um passo. Jesus não fez uma pergunta exagerada, como "quem pode acrescentar cem anos à própria vida?", em vez disso ele quis saber "quem pode acrescentar uma hora à própria vida?".

A ideia de Jesus é muito clara em qualquer sistema de medida — "quem de vocês pode acrescentar uma polegada, um palmo, um passo, um metro, um segundo, um minuto, uma hora a mais ao curso da vida?". Ele explica de forma bastante didática que se preocupar é algo completamente inútil e insensato, porque, na verdade, nenhum de nós é capaz de controlar sequer um côvado da própria vida. Jesus nos questiona de um modo muito direto — qual ser humano tem controle pleno sobre a própria vida? A resposta é contundente — nenhum! Jesus está ressaltando que ninguém tem controle absoluto sobre a própria vida.

E isso vem desde o berço. Nenhum de nós pediu sequer para nascer. Nenhum de nós escolheu nem o dia, nem a localidade, nem a carga genética que recebeu ao nascer. Do mesmo modo, ninguém tem o controle total sobre o dia em que vai morrer. Jesus está afirmando que aqueles que imaginam deter esse tipo de controle estão iludidos. Estar ansioso é ter a ilusão de que é possível controlar coisas que não podemos controlar.

4. Ansiedade impede a celebração das alegrias da vida

Enquanto permanecemos ansiosos, perdemos de vista a beleza das flores ao nosso redor. Jesus questiona de um modo muito perspicaz — "Por que vocês se preocupam com roupas? Vejam como crescem os lírios do campo. Eles não trabalham nem tecem" (v. 28). Nesse ponto podemos destacar a importância — surpreendente — de olhar para as flores! As palavras de Jesus são desconcertantes. Para pessoas angustiadas, que estão esmorecendo em atribulações, Jesus diz: "Vejam como crescem os lírios". Ele nos convida a reconhecer nas coisas mais simples, nos passarinhos, na grama, a carinhosa presença de Deus.

A ansiedade tira de nós essa capacidade de olhar para as belezas singelas e graciosas que nos cercam. Perdemos a alegria dos abraços, dos olhares e de tantos gestos de afeto que sequer suspeitamos. Só enxergamos problemas, dificuldades, ausências. Acostumamo-nos a ver um mundo turvo e sem vida, porque este é o nosso próprio estado interior. Mas Cristo é a verdadeira luz que veio ao mundo para iluminar e aquecer com seu calor. Diferentemente dos fariseus, seus inimigos declarados, ele anunciou uma vida alegre. Os fariseus eram religiosos hipócritas que adotavam uma postura de sofrimento ao jejuar, com a finalidade de parecerem piedosos diante da ordem moral. Jesus, porém, demoliu essas mentiras com uma vida feliz, fruto de um relacionamento vivo e verdadeiro com o Pai.

Quando experienciamos a alegria que brota da amizade com Deus, passamos a ver tudo com outros olhos, com outra disposição. O que adianta trabalhar tanto e não desfrutar nada. O cristão tem razões de sobra para ser uma pessoa que celebra a vida. Eclesiastes expôs a loucura de um homem que trabalhava sem parar e sequer perguntava "para quem estou trabalhando tanto, e por que razão deixo de me divertir?" (Eclesiastes 4.8).

O ativismo febril da ansiedade impede as pequenas e as grandes celebrações da vida. Os ansiosos nunca têm tempo para uma festa, nunca podem desfrutar da companhia de amigos e entes queridos, nunca vão a uma galeria de arte ver um quadro bonito. A vida ansiosa é uma vida sem beleza, sem inspiração, sem catarse. É uma vida que não percebe os lírios do campo.

5. Ansiedade conduz à futilidade

A ansiedade torna as pessoas reféns das cobiças mais estúpidas. Muitos passam a viver correndo atrás de fama, proeminência, aparências. Está escrito: "Contudo, eu lhes digo que nem Salomão, em todo o seu esplendor, vestiu-se como um deles" (v. 29). Jesus usou essas palavras para expor a frivolidade da glória humana. Enquanto todos estão preocupados em acumular vestimentas e se destacar, os discípulos de Jesus devem estar preparados para renunciar à própria capa e à própria túnica (Mateus 5.40).

Jesus nos ensina que nosso objetivo último não deve ser chamar a atenção das pessoas para nós mesmos, mendigando aplausos e elogios humanos como os fariseus hipócritas; nosso alvo, porém, é glorificar e agradar a Deus.

O próprio rei Salomão, que desfrutou de fama e prestígio ímpares, afirmou: "Tornei-me mais famoso e poderoso do que todos que viveram em Jerusalém antes de mim [...]. Contudo, quando avaliei tudo o que as minhas mãos haviam feito [...] percebi que tudo foi inútil, foi correr atrás do vento" (Eclesiastes 2.9,11). Salomão, que viu e experimentou de tudo, concluiu que riquezas acumuladas não significam absolutamente nada no fim da vida, e o que realmente importa é temer a Deus (Eclesiastes 12.13,14). O homem sai nu do ventre da mãe e, da mesma forma que veio, assim parte. De todo o trabalho em que se esforçou nada levará consigo (Eclesiastes 5.15). Dizem que uma vez um homem rico morreu.

No velório, um sujeito perguntou para o outro: "Quanto ele deixou?". A resposta foi: "Tudo! Ele não levou nada". Não há caminhões de mudança atrás de cortejos fúnebres.

6. Ansiedade aumenta a incredulidade e vice-versa

Jesus relacionou a ansiedade à incredulidade: "Se Deus veste assim a erva do campo, que hoje existe e amanhã é lançada ao fogo, não vestirá muito mais a vocês, homens de pequena fé?" (v. 30). Aqui, ele fala sobre uma ansiedade pecaminosa, que duvida do cuidado de Deus. O texto, portanto, é uma advertência àqueles que ainda adoram Mamom, depositando sua confiança no dinheiro, nas contas bancárias, nos próprios esforços. Jesus, pacientemente, exortou seus discípulos quanto à falta de fé — a incredulidade que leva ao medo da tempestade (Mateus 8.26), a incredulidade que duvida da Palavra e do poder dele (Mateus 14.31), a incredulidade que produz brigas e discussões inúteis (Mateus 16.8).

Do mesmo modo, Jesus repreendeu nossa incredulidade que leva à ansiedade. Não devemos duvidar do poder provedor de Deus. Quem foi que nos deu a vida e teceu nossos corpos? Ele não cuida das aves e dos lírios? Nós não temos muito mais valor do que essas coisas? Portanto, não devemos desonrar a Deus duvidando que ele proverá nossas necessidades. À medida que a ansiedade cresce no coração, a fé tende a diminuir. Nunca me esqueci de uma frase que li quando comecei a pregar em 2001, ainda muito novo, na Igreja Batista Getsêmani em Belo Horizonte. Estudei por muitos dias, do melhor jeito que pude, o tema da ansiedade para preparar uma mensagem para uma reunião caseira. A frase atribuída ao amado e piedoso cristão George Müller, fundador do distinto orfanato em Bristol, deixou uma marca em mim e tem sido uma lembrança constante: "Onde a fé começa, a ansiedade termina; onde a ansiedade começa, a fé acaba".[40]

7. Ansiedade destrói as orações e promove a murmuração

Jesus censurou os ansiosos — "não se preocupem, dizendo: 'Que vamos comer?' ou 'que vamos beber?' ou 'que vamos vestir?'" (v. 31). Ele mencionou uma tríade de ansiedades primárias — comida, bebida e vestimenta. Três itens que sintetizam os aspectos mais tangíveis de nossa vida. Somos seres finitos, e nossas carências são inegáveis. Já nascemos chorando completamente impotentes e dependentes. Sem os devidos cuidados, morreríamos ainda bebês em pouquíssimo tempo.

Nossa constituição natural não basta para nos assegurar a sobrevivência. Falta-nos pelagem, o que nos deixa sem proteção contra as inclemências climáticas. Não temos vida em nós mesmos. Nosso organismo necessita de coisas que estão fora dele como ar, água e alimento. Temos a necessidade de dormir. O corpo denuncia nosso caráter limitado — ele sofre, se deteriora, adoece, morre. A condição humana é marcada por sua precariedade. Desse modo, o problema não é nossa tentativa de suprir as carências básicas da vida.

Jesus disse que o Pai sabe que nós precisamos dessas coisas essenciais (Mateus 6.32) e nos ensinou a orar pedindo "o pão nosso de cada dia" (Mateus 6.11). "Pão", nessa oração, é justamente tudo aquilo que sustenta a vida, incluindo água e roupa. De acordo com Jesus, Deus quer nos ajudar e suprir nossas necessidades. Qual pai dará uma pedra ao filho que lhe pedir um pão? (Mateus 7.9-11). Portanto, Jesus não se opõe às nossas medidas de previdência, ele se opõe às nossas preocupações. Ele é contra nossa ganância, nossa cobiça, nossa adoração ao dinheiro.

Viver ansioso significa que não confiamos em Deus e estamos fissurados com a dimensão material da vida. Assim, quando a ansiedade nos invade, deixamos de orar confiantemente ao Pai pedindo "o pão nosso de cada dia" e começamos a murmurar para Mamom: "O que vamos comer?". Se você só pensa no pão e deixa Deus de fora, tem alguma coisa errada com o seu coração. Você está substituindo a oração do Pai-Nosso pela murmuração do *Mamom meu* — "Mamom meu que está na carteira, sujo é o teu nome... O pão que o Diabo amassou dá-me hoje". É necessário aprender com Jesus, que venceu a tentação no deserto, onde falta tudo — água, alimento e abrigo. O Diabo o tentou: "Se és o Filho de Deus, manda que estas pedras se transformem em pães" (Mateus 4.3), mas Jesus o repreendeu: "Nem só de pão viverá o homem, mas de toda a palavra que procede da boca de Deus" (Mateus 4.4).

8. *Ansiedade compromete o testemunho público*

Ao longo do Sermão do Monte, Jesus traçou o perfil de seus seguidores, os bem-aventurados pobres em espírito, que encontraram o reino de Deus e foram alcançados pela graça divina. A ética apresentada por Jesus é a ética do amor, que diz respeito a caminhar a outra milha, perdoar as ofensas, praticar a misericórdia. Jesus é o vértice da história moral. Ele ensinou coisas das quais ninguém jamais falou e fez coisas que ninguém jamais fez.

O que Jesus espera de seus discípulos é que sigam os seus passos, amando a Deus acima de todas as coisas e amando as pessoas com toda sinceridade. Assim como Jesus orou ao Pai, ele espera que seus discípulos orem ao Pai. A ansiedade, contudo, é um obstáculo para que os discípulos brilhem e iluminem o mundo. Jesus disse que não faz sentido um discípulo seu viver murmurando, perturbado, praguejando coisas para Mamom, correndo atrás dos tesouros terrenos, "pois os pagãos é que correm atrás dessas coisas" (Mateus 6.32). Os pagãos são todos aqueles que ainda estão longe de Deus, que não o conhecem e, infelizmente, ainda vivem na ignorância espiritual. As pessoas sem o Evangelho estão à mercê de toda sorte de superstição.

A ansiedade, portanto, aniquila o testemunho público dos filhos de Deus. Quantos pais e mães vivem reclamando de tudo em casa e depois se queixam que os filhos crescem sem o temor de Deus. Se o pai é um alho, e a mãe é uma cebola, o filho não vai cheirar como flor.

9. *Ansiedade desordena o uso do tempo*

Outro efeito notório da ansiedade é sua capacidade de bagunçar nossas prioridades. Por isso Jesus disse: "Busquem, pois, em primeiro lugar o Reino de Deus e a sua justiça, e todas essas coisas lhes serão acrescentadas" (v. 33). Os ansiosos deixam de olhar para o Reino de Deus e começam a vagar os olhos por toda parte. Sem Deus como eixo, os ansiosos fazem uma lambança com suas agendas. O tempo é confuso, os ponteiros dos relógios não se acertam, tudo se torna distração. A pessoa ansiosa se perde em si mesma. A carreira se torna mera correria. Os compromissos se resumem em correr atrás do vento.

O que Jesus espera de seus discípulos é que sigam os seus passos, amando a Deus acima de todas as coisas e amando as pessoas com toda sinceridade.

10. Ansiedade transforma o futuro em ameaça

Por fim, Jesus afirmou: "Não se preocupem com o amanhã, pois o amanhã se preocupará consigo mesmo. Basta a cada dia o seu próprio mal" (v. 34). As preocupações legítimas fazem parte da nossa vida de fé. Elas são construtivas, pedagógicas, enriquecedoras. Os desertos fazem parte da nossa caminhada. Existe, porém, um modo adequado de o atravessarmos — com fé, esperança e amor. As preocupações malignas, por outro lado, simplesmente destroem nossos horizontes. A ansiedade é o oposto da fé, ela traz desespero e esfumaça o amor. Assim, aqueles que são ansiosos são incapazes de lidar com o amanhã, e o futuro se fecha diante deles. A ansiedade tem o poder de transformar a vida em um teatro do absurdo.

Jesus é a sabedoria de Deus para vencer a ansiedade

Se estamos sobrecarregados de ansiedades, é hora de reconsiderar onde estamos colocando nossa confiança e quais são as prioridades da nossa vida. Nos próximos capítulos, iremos revisitar os versos de Mateus 6.25-34, mas dessa vez examinando as instruções e os caminhos práticos para vencermos as preocupações malignas e as ansiedades pecaminosas.

As palavras de Jesus são confiáveis e úteis para todas as pessoas que estão presas em um ciclo de preocupação. No Sermão do Monte, Jesus não faz simples comentários sobre a Lei de Deus. Ele ensina com autoridade própria. Ele é maior do que Moisés, ele é quem cumpre plenamente a vontade de Deus. A autoridade absoluta de Jesus chocou não apenas a audiência original dessa mensagem, mas gera impacto sobre as multidões que continuam ouvindo suas palavras no curso dos séculos.

O próprio Jesus é o caminho para a superação das aflições da nossa alma. Graças a Deus não estamos sozinhos. Nele encontramos tudo de que precisamos para viver uma vida limpa da ansiedade, cheia de paz e realização. E a Palavra diz que é por iniciativa de Deus que podemos receber Jesus, "o qual se tornou sabedoria de Deus para nós, isto é, justiça, santidade e redenção" (1 Coríntios 1.30).

A ANSIEDADE NÃO COMPENSA

Num domingo de 1994, quando eu tinha 8 anos, meu pai disse que me levaria para pescar no sábado de manhã. No dia seguinte, eu fiquei "lembrando" ele de me levar para pescar, e ele me disse: "Filho, eu já sei que vamos pescar sábado, fica tranquilo".

Na terça-feira, novamente fui falar com meu pai sobre a pescaria, e ele mais uma vez me tranquilizou: "Filho, não precisa ficar me falando toda hora, acalma seu coração". Mas não teve jeito, eu fiquei ansioso a semana inteira, falando sem parar sobre a pescaria.

Na véspera do grande dia, meu pai me disse: "Davi, vai dormir porque precisamos sair bem cedo de casa, às 5 horas da manhã, para nossa grande pescaria. Os pescadores acordam cedo". Minha mãe tinha preparado umas iscas de massinha de farinha com corante laranja, e meu pai, com todo carinho, providenciou todas as bugigangas que eu queria, mas eu não consegui dormir de tanta ansiedade.

Eu fiquei a noite inteira acordado brincando com meu irmão Lucas, que era dois anos mais novo. Eu e o Lucas colocamos nossas roupas e equipamentos de pescaria no chão do quarto e ficamos a noite inteira com o abajur ligado conversando, mexendo sem parar nas iscas, nos chapéus, nos coletes, nas mochilas e em toda parafernália que pedi para meu pai.

No dia seguinte, aconteceu o óbvio — eu não consegui acordar para ir pescar. Não acordei de jeito nenhum. Apaguei e só fui despertar ao meio-dia. Fiquei muito triste o resto do fim de semana inteiro. Então meu pai me disse: "Está vendo, filho? Não vale a pena ficar ansioso. A ansiedade tira sua energia, e quando chega a hora que você precisa dela, você está cansado". Meu pai é pastor e um verdadeiro homem de Deus. Os ensinamentos que ele me passou naquele dia nunca mais foram apagados do meu coração.

A ansiedade não resolve o problema de amanhã e destrói nossas forças de hoje.

Capítulo 2
Sobrecargas ansiosas
A sabedoria de dizer "não"

Portanto, eu lhes digo: não se preocupem com sua própria vida.
Mateus 6.25

A PARTIR deste capítulo vamos estudar as razões e as orientações práticas que Jesus ensinou em Mateus 6.25-34 para o enfrentamento das preocupações malignas. A análise detalhada dessa passagem revela três argumentos que se desenvolvem para formar um único argumento robusto. A estrutura básica consiste em:

1. Advertência geral contra as preocupações (Mateus 6.25).
2. Primeiro argumento contra as preocupações (Mateus 6.25-30).
3. Segundo argumento contra as preocupações (Mateus 6.31-33).
4. Terceiro argumento contra as preocupações e conclusão (Mateus 6.34).

O objetivo deste capítulo é examinar a advertência geral de Jesus e a sua implicação prática para nós: a importância de dizer "não" para as ansiedades malignas. Como veremos, Jesus estabeleceu uma tônica de interdição, negação e combate aos hábitos ansiosos nocivos à nossa vida.

No entanto, colocar isso em prática requer a ajuda do Espírito para entender o que o Mestre disse.

“Portanto, eu lhes digo: não...”

As primeiras palavras da advertência geral de Jesus contra as preocupações são um verdadeiro tesouro de sabedoria. Para começar, ao utilizar a conjunção conclusiva “*portanto*”, Jesus estabelece uma conexão tríplice entre o verso anterior (Mateus 6.24), os parágrafos anteriores (Mateus 6.19-24) e o Sermão do Monte (Mateus 5.3-6.24). Assim, o tema da ansiedade mostra-se diretamente relacionado à cobiça. De acordo com Jesus, a relação entre cobiça desenfreada e preocupação obsessiva corresponde a duas faces de um mesmo problema: a falta de confiança em Deus. Isso equivale a dizer que ansiedade e cobiça são faces de Mamom, ou seja, os lados da mesma moeda. Tanto as pessoas que cobiçam desesperadamente vestimentas nobres, banquetes opulentos e acúmulo de riquezas como aquelas que se preocupam de modo exagerado com a escassez do alimento, a “roupa do corpo” e a miséria estão igualmente depositando suas esperanças em coisas, não em Deus.

Em outras palavras, a forma como lidamos com nossas necessidades essenciais para a vida e lidamos com o que é supérfluo revela a lealdade do nosso coração. O filósofo Soren Kierkegaard afirmou que a “ansiedade das abundâncias” e a “ansiedade das pobrezas” são, no fundo, a mesma coisa.[41]

Depois de dizer “portanto”, Jesus afirma: “Eu lhes digo”. Um sermão certamente é mais bem aproveitado quando se sabe algo sobre o pregador; o próprio Jesus chama atenção para esse fato ao dizer essas palavras. Ao longo do Sermão do Monte, Jesus se posiciona e apresenta seu discurso com autoridade absoluta. Ele iniciou o sermão falando na terceira pessoa: “Bem-aventurados os pobres em espírito” (Mateus 5.3); continuou na segunda pessoa: “Vocês são o sal da terra” (Mateus 5.13); e, então, falou diretamente na primeira pessoa: “Digo-lhes” (Mateus 5.18). Jesus traçou paralelos com a lei de Moisés quando repetiu a expressão “eu, porém, lhes digo” (Mateus 5.17-48). A multidão que ouviu

Jesus naquele dia compreendeu imediatamente que ele não queria apenas oferecer uma nova perspectiva quanto à lei mosaica, mas proclamar o reino de Deus com base em sua própria autoridade. Em Mateus 6.25, Jesus estabeleceu mais uma vez uma relação direta entre sua pessoa e seu discurso, revelando o caráter mais imperativo do que inspiracional de sua fala. Ao dizer "não se preocupem", ele está bem longe do estilo tranquilizante e banal de uma mera recomendação. Nas primeiras palavras de Mateus 6.25, Jesus apresenta um comando: "Portanto, eu lhes digo: não se preocupem".

O caráter imperativo e proibitivo dessas palavras é categórico e não admite exceções. Jesus, portanto, repete a ordem três vezes (vs. 25,31,34), destacando-a como a principal exortação desse trecho do Sermão do Monte. No texto grego, essas proibições apresentam tempos verbais diferentes: a primeira proibição utiliza o presente imperativo, enquanto a segunda e a terceira utilizam o aoristo subjuntivo — o aoristo é um aspecto verbal específico da língua grega que exprime uma ação pontual, sem nenhuma referência à sua duração. Entre os eruditos,[42] existe uma discussão linguística a respeito da diferença semântica entre as proibições. Parte dos estudiosos afirma que o presente imperativo proíbe a *continuação* da ansiedade, enquanto o aoristo subjuntivo proíbe o *início* da ansiedade; outra parte dos estudiosos afirma que é um pouco exagerado traçar uma distinção semântica tão precisa entre as proibições. O que ninguém questiona é que Jesus está proibindo as preocupações tóxicas com a própria vida tanto como atitude pontual quanto como hábito. O "não" de Jesus estabelece a agenda e o tom do restante do ensinamento. Nos próximos capítulos, vamos estudar com mais detalhes as razões e os encorajamentos oferecidos por Jesus nos versículos seguintes. A seguir, vamos refletir sobre as implicações práticas de dizermos "não" para a ansiedade.

O uso positivo do "não"

Jesus declara guerra às preocupações malignas e ensina a importância de aprendermos a dizer "*não*". Alguns aspectos da nossa vida admitem

Jesus disse que nossa resposta diante das preocupações deve ser um "não" absoluto, sem concessões.

respostas aproximadas e caminhos intermediários. No entanto, isso não se aplica à ansiedade. Jesus disse que nossa resposta diante das preocupações deve ser um "não" absoluto, sem concessões. Ansiedade é algo que devemos deixar, abandonar, negar de modo definitivo. Diante das preocupações maléficas, devemos dizer em alto e bom som: "Não!". De fato, além das três proibições, é impressionante a quantidade de "nãos" e outras negativas proferidas por Jesus em poucos versículos. *Não* devemos acumular tesouros na Terra, mas no céu. *Não* podemos servir a dois senhores. As aves *não* têm celeiros, e os lírios *não* tecem. *Não* devemos repetir continuamente as mesmas perguntas estúpidas. *Não* podemos ter medo do amanhã. Todos esses "nãos" resultam em um sonoro "basta!": *Basta* a cada dia o seu próprio mal!

A palavra "não" é um advérbio de negação, sendo um dos termos mais básicos e concisos em qualquer idioma. Em português, é uma palavra monossilábica muito forte, apesar de tão pequena. Se aplicada com sabedoria, pode proibir a maldade, negar o que não é verdadeiro e afastar o que é errado. Podemos dizer "não" para expressar nossa oposição àquilo com o que não concordamos. É uma palavra tão poderosa que pode nos poupar de muitos sofrimentos desnecessários e promover a nossa liberdade.

Algumas pessoas, no entanto, têm dificuldade de dizer "não". Há ocasiões em que elas até têm um "não" na mente, mas acabam dizendo "sim" com a boca, pois procuram se adequar às supostas expectativas de terceiros. Importante destacar que também há pessoas que têm dificuldade de ouvir "não", porque acreditam que todo "não" está associado necessariamente a opressão, dominação e autoritarismo. Esse, porém, é um erro elementar, muitas vezes fruto da imaturidade e do julgamento precipitado. Determinados "nãos" são para nosso próprio bem. O escritor G. K. Chesterton mostrou-se muito sábio ao afirmar: "Nunca remova uma cerca, sem antes entender por que ela foi colocada lá".[43] Algumas cercas servem, por exemplo, para impedir crianças de caírem em fossas. Assim, quando o ser humano atravessa um "não" que é para seu próprio bem, pode se ferir fatalmente de modo desnecessário. Quem tem dificuldades de dizer e ouvir "não" acaba vivendo de modo inseguro, frustrado, inquieto e ansioso.

Jesus, então, ensinou que ansiedade se combate com "nãos". No entanto, os "nãos" de Jesus não são aleatórios, eles têm um propósito e estão alinhados a uma orientação específica: dizer "sim" para Deus. Não se trata, portanto, de um simples "não pelo não", que exalta nosso próprio orgulho, mas de um "não" com propósito. Há muitas pessoas que são extremamente ascéticas, cheias de regras que aparentam sabedoria como "não manuseie!", "não prove!", "não toque!", mas que permanecem arrogantes, vaidosas e cheias de si mesmas (Colossenses 2.20-23). Jesus, porém, ensina uma atitude confiante que diz "sim" para o que Deus quer, e "não" para nosso próprio orgulho. Desse modo, cada "não" que dizemos às preocupações é um honrado e amoroso "sim" para Deus. A ideia dominante de Jesus em todo Sermão do Monte é justamente esta. Se Deus é o nosso Rei, nossos valores devem revelar os valores do seu reino. Este é o princípio-chave: *devemos dizer "não" para tudo que é incompatível com os valores do reino de Deus.* Esses valores, por sua vez, não são abstrações românticas, mas referências concretas para nossos atos e atitudes (como veremos especialmente no capítulo 4).

O primeiro "não" deve ser dito ao nosso próprio eu. Antes de orarmos "venha a nós o seu reino", precisamos orar "que meu reino se vá". A primeira linha do Sermão do Monte fala sobre essa renúncia total de si próprio: "Bem-aventurados os pobres em espírito, porque deles é o Reino dos céus" (Mateus 5.3). A renúncia de si é o "não" fundamental na vida de todos os que seguem a Jesus (Lucas 14.26). O pobre de espírito é aquele que tem consciência de seu próprio vazio e falência espiritual, ele reconhece que é pecador e humildemente sabe que não pode salvar a si mesmo. É alguém com o espírito oposto ao dos religiosos hipócritas, que vivem na vanglória pessoal, com senso de justiça própria. Por isso, Jesus disse: "Ai de vocês, mestres da lei e fariseus, hipócritas! Vocês fecham o Reino dos céus diante dos homens! Vocês mesmos não entram, nem deixam entrar aqueles que gostariam de fazê-lo" (Mateus 23.13).

Se por um lado o reino de Deus está aberto aos humildes, por outro ele está fechado aos orgulhosos. Jesus convidou seus seguidores a renunciarem a si próprios e desapegarem totalmente de tudo que é perecível, confiando exclusivamente no Eterno Deus. Essa renúncia primordial torna os discípulos menos vulneráveis às preocupações maléficas, afinal, por que ficar ansiosos se são pobres em espírito? Por que viverem preocupados e perturbados se sua vida não depende de aplausos humanos? Estar ansioso por coisas passageiras não faz sentido para quem prioriza os bens celestiais e rejeita o poder humano. Nesse sentido, o Sermão do Monte também poderia ser chamado de "Sermão do desmonte", já que Jesus desmonta todas as pretensões ilusórias de encontrarmos um sentido na vida apartada de Deus. Especificamente sobre o tema das preocupações maléficas, Jesus pontuou três aspectos em relação aos quais o "não" faz a diferença: materialismo, falatórios inúteis e agendas sobrecarregadas.

Dizer "não" ao materialismo

Quanto ao materialismo, Jesus adverte: "Não acumulem para vocês tesouros na terra" (Mateus 6.19) e "não se preocupem com a própria vida, quanto ao que comer ou beber" (v. 25). São materialistas aqueles que amam o dinheiro e os bens materiais, portanto podem ser tanto ricos como pobres. De acordo com Jesus, os ricos têm mais dificuldade de entrar no reino dos céus (Mateus 19.23,24), pois podem acreditar que merecem o crédito por tudo que têm e se tornarem ingratos, rejeitando a Deus. "Veja só o homem que rejeitou a Deus como refúgio; confiou em sua grande riqueza e buscou refúgio em sua maldade" (Salmos 52.7). A tentação da mentalidade materialista, porém, não é uma exclusividade dos ricos, pessoas empobrecidas também estão sujeitas a ela e, com isso, podem se tornar ávidas adoradoras de Mamom. Um exemplo disso são as pessoas que fazem da independência financeira o objetivo mais importante de sua vida. Não por acaso os espinhos das preocupações sufocam a Palavra de Deus em seu coração, tornando-as pessoas ansiosas, hipertensas, sujeitas à perpétua insegurança.

Quem aprende a dizer "não" para o materialismo evita diversas preocupações e comportamentos destrutivos. Um estudo realizado por pesquisadores da Universidade Northwestern concluiu que as pessoas que dão grande importância para prosperidade, *status* e posses são relativamente mais ansiosas e antissociais do que o restante das pessoas.[44] Assim, o que os materialistas pensam que lhes trará felicidade promove justamente o efeito oposto. Na vida real, o materialismo está associado a níveis mais baixos de bem-estar, problemas recorrentes de endividamento, comportamento ecológico irresponsável e relações interpessoais menos prazerosas. Quem valoriza as riquezas a ponto de idolatrá-las passa a avaliar todas as pessoas pelo crivo financeiro, dessa forma, as interações pessoais tendem a ser instrumentalizadas apenas para fins econômicos. A pessoa deixa de ter amigos para ter apenas "contatos" e perde a capacidade de perceber as outras pessoas como ser humano, vendo-as puramente como objeto de sacrifício ao ídolo Mamom.

Um desdobramento do materialismo é o *consumismo*, a compulsão por comprar e consumir produtos e serviços. A máxima de muitas pessoas é: "sofro, logo compro", ou "compro, logo existo". O economista Jürgen Schuldt afirma que a ânsia por lucro gerou a "civilização do desperdício",[45] na qual o planeta é considerado um reservatório inexaurível de recursos materiais e os cidadãos-consumidores vivem desnorteados pela publicidade massiva e alienante, que promove o consumo irracional e o desperdício. No curso do século 20, tornou-se uma prática comum a obsolescência programada de vários produtos, isto é, a redução deliberada da vida útil de um produto para forçar os consumidores a comprarem produtos substitutos com maior recorrência. Essa aceleração dos ciclos de consumo traz maiores lucros às grandes marcas e empresas. Um dos grandes símbolos dessa lógica de consumo excessivo é a indústria *fast fashion*, formada por marcas de vestuário que renovam a coleção de roupas em ritmo frenético. Sem a capacidade de dizer "não" para esses excessos, muitas pessoas são devoradas pela ansiedade. Aliás, um dos diferenciais das sociedades contemporâneas é o surgimento da multibilionária "indústria da ansiedade".

Na última década, várias empresas mundo afora, percebendo o aumento significativo da demanda por saúde mental, desenvolveram produtos que prometem acabar ou mitigar com a ansiedade como: cobertores pesados, livros para colorir, *fidget spinners*, kits de aromaterapia, purificadores de ar e inúmeros aplicativos de meditação para *smartphones*.

No Sermão do Monte, Jesus ensinou que tesouros terrenos incluem não apenas riquezas e posses materiais, mas prestígio, *status* e reconhecimento. Assim, seus discípulos também devem se despojar da "ansiedade por *status*", a constante tensão ou medo de ser percebido como um "fracasso" pela sociedade em termos materialistas e midiáticos. O ansioso por *status* é aquela pessoa que se pergunta com frequência: minha carreira é suficientemente espetacular? Meu estilo de vida é descolado e elegante o suficiente? Consigo manter uma imagem legal mesmo que esteja escondendo minhas dívidas e precise trabalhar o tempo todo? Minhas opiniões sobre os assuntos do dia são apreciadas e compartilhadas? O inferno da ansiedade por *status* consome tudo ao seu redor, porque há sempre outro nível de *status* a ser alcançado ou uma nova ameaça ao *status* atual. O filósofo Alain de Botton[46] afirma que essa ansiedade está relacionada à inveja. No entanto, como confessar a inveja pode ser socialmente imprudente, a evidência exterior do drama interior é bastante incomum e geralmente se limita a um olhar preocupado, um sorriso sem graça ou uma pausa prolongada após a notícia da conquista de outra pessoa.

O combate à ansiedade envolve dizer "não" aos excessos do materialismo, do consumismo e da busca fútil por *status*. Existem hábitos simples que podem auxiliar nisso como exercitar a generosidade, doar coisas funcionais que você não usa, evitar idas desnecessárias aos centros de compras, etc. Embora essas atitudes possam ser benéficas, Jesus afirma que dizer "não" ao materialismo e seus desdobramentos é, sobretudo, uma questão espiritual. A mensagem de Jesus não se trata de mero ascetismo, pobreza voluntária, minimalismo ou algo do gênero. É possível ser minimalista e ainda assim ser cheio de si, ser convencido, se achar "o demais" e viver ansioso por *status* e prestígio. É possível alguém doar tudo que tem aos pobres, mas sem amor genuíno (1 Coríntios 13.3). É possível combater a "economia da ansiedade capitalista",[47] mas ainda assim ser um militante político ansioso e perturbado — nesse caso, a pessoa só troca uma ansiedade por outra. O caminho de Jesus — colocar o foco em Deus (Mateus 6.21,33) — é mais assertivo e traz esperança tanto ao rico quanto ao pobre.

Dizer "não" aos falatórios inúteis

Jesus afirmou: "Não se preocupem, dizendo: 'Que vamos comer?' ou 'Que vamos beber?' ou 'Que vamos vestir?'" (Mateus 6.31). Perceba que Jesus citou três perguntas, sublinhando o caráter repetitivo e aflito das palavras ansiosas. Falar demais simplesmente não ajuda a combater a ansiedade e provavelmente piora a situação. A esse respeito, antigos provérbios ensinam: "Quem é cuidadoso no que fala evita muito sofrimento" (Provérbios 21.23) e "Quando são muitas as palavras, o pecado está presente, mas quem controla a língua é sensato" (Provérbios 10.19). As pessoas ansiosas costumam falar demais, elas contam o que não deveria ser contado, compartilham detalhes de sua vida privada e expõem familiares e amigos próximos desnecessariamente. Quem fala demais frequentemente exagera na interpretação dos fatos, fala palavrões, ofende pessoas e, muitas vezes, termina na autocomiseração. Falar excessivamente pode ser um indício de intemperança ou falta de moderação. Muitas pessoas acabam dizendo: "Gostaria de nunca ter dito isso".

Por isso, é tão importante aprender a dizer "não" para os falatórios improdutivos. Jesus já havia advertido contra as vãs repetições nas orações a Deus: "E quando orarem, não fiquem sempre repetindo a mesma coisa, como fazem os pagãos. Eles pensam que por muito falarem serão ouvidos. Não sejam iguais a eles, porque o seu Pai sabe do que vocês precisam, antes mesmo de o pedirem" (Mateus 6.7,8). A solução não é parar de orar ou de falar, mas aprender a orar e falar com sabedoria. Devemos evitar as conversas inúteis (1 Timóteo 6.20) e aprender a controlar a boca (Salmos 141.3). Quando diminuímos a quantidade exagerada de palavras, interrompemos muitos pecados e ansiedades em

O combate à ansiedade envolve dizer “não” aos excessos do materialismo, do consumismo e da busca fútil por *status*.

nossa vida. A língua não pesa nada, mas há pessoas que não conseguem carregá-la. A contenção verbal é outra arma no combate às preocupações. E isso vale não apenas para as reclamações, mas para qualquer outro uso abusivo das palavras. Por exemplo, você não precisa comentar todas as notícias do mundo. Somente os tolos falam sobre assuntos dos quais não têm conhecimento ou experiência (Eclesiastes 5.3). Quando dizemos "não" para conversas estúpidas, passamos a ouvir melhor. Há casos em que tudo o que a pessoa precisa fazer para vencer a ansiedade é simplesmente calar a boca. Antes de "amarrar" o Diabo, "amarre" sua língua. "Seja o seu 'sim', 'sim', e o seu 'não', 'não'; o que passar disso vem do Maligno" (Mateus 5.37).

Em uma época de tanta poluição sonora e informacional, o silêncio é uma bênção. Sem silêncio, nem mesmo as palavras sábias têm sentido. Sem espaços entre as palavras, todas as letras se emaranham, e as conversas e os textos tornam-se incompreensíveis. Do mesmo modo, sem silêncio, nossas ansiedades se multiplicam e a vida mostra-se confusa. Francisco de Sales afirmou que o silêncio não se refere apenas ao uso de poucas palavras, mas ao não uso de palavras inúteis.[48] Há tempo de falar e tempo de calar. Muitas vezes, nossa incapacidade de ficar de boca fechada revela nossa tentativa de estar no controle da situação. Ficar em silêncio, nesse caso, torna-se um verdadeiro exercício espiritual de confiança em Deus. O próprio Jesus é o maior de todos os exemplos nesse sentido: "Quando insultado, não revidava; quando sofriam, não fazia ameaças, mas entregava-se àquele que julga com justiça" (1 Pedro 2.23).

Dizer "não" às agendas sobrecarregadas

Jesus disse: "Não se preocupem com o amanhã" (Mateus 6.34). Por causa de seus limites biofísicos e psíquicos, o ser humano tem necessidade de descansar. Sob o ponto de vista teológico, descansar é tanto uma responsabilidade oriunda da doutrina da criação como da doutrina da aliança. O próprio Deus descansou de sua obra criadora no sábado e determinou amorosamente que o povo de Israel cessasse suas atividades laborais um dia na semana. Descansar do trabalho para Israel é um ato de fé e rendição a Deus. Existe um relato muito bonito sobre isso no livro do Êxodo. No período em que foram escravizados no Egito, os israelitas estavam sujeitos ao sistema de ansiedade imposto pelo faraó (Êxodo 5.4-19). Deveriam trabalhar ininterruptamente, sem que houvesse descanso. Quando Deus os libertou, passou a ensiná-los sobre a importância da fé, do trabalho e do repouso. Na travessia do deserto, rumo à Terra Prometida, Deus derramou do céu um alimento especial, o maná, e ordenou que o povo recolhesse e comesse o suficiente para cada dia, sem armazenar para o dia seguinte. Com isso, aprenderiam que o trabalho (recolher o maná) estava conectado à fé (Deus é quem faria o maná cair do céu a cada dia). Aqueles que guardaram o maná para o dia seguinte tiveram uma surpresa desagradável, pois o maná apodreceu. No entanto, havia uma exceção impressionante estabelecida pelo próprio Deus: somente no sexto dia da semana o maná deveria ser armazenado, porque no sábado o povo deveria descansar (Êxodo 16.22-24). Assim, o povo ajuntava o dobro de maná na sexta-feira de manhã e descansava no sábado, porque somente neste dia o maná guardado não apodrecia. Essa história mostra que, mesmo no deserto, na absoluta escassez, Deus estabeleceu uma pausa para a celebração do sábado, do descanso.

Jesus ressalta esse princípio de um modo direto, dizendo que devemos colocar um limite nas atividades e preocupações: "Basta a cada dia o seu próprio mal" (Mateus 6.34). Infelizmente, muitas pessoas sucumbem diante da ansiedade. Certa vez ouvi alguém dizer: "Fulana de tal 'burnoutou'!". Muitos estão tão sobrecarregados de atividades, tão absortos pelo frenesi e corre-corre da vida, que caem prostrados de fadiga, exaustos e doentes. O teólogo Walter Brueggemann afirma que descansar tornou-se um ato de resistência.[49] De fato, em uma sociedade que funciona 24 horas por dia, sete dias por semana, somos pressionados a performar e produzir continuamente. A filósofa Hannah Arendt afirmou que a produtividade se tornou um dos mais altos ideais da era moderna, tornando-se até mesmo uma espécie de "ídolo".[50] Desde o advento das revoluções industriais,[51] os novos maquinários possibilitaram uma maior velocidade na produção de bens de consumo e a ênfase no tempo gasto por unidade. Nesse sentido, o conceito básico de produtividade é geralmente expresso como a relação entre a produção e os fatores de produção.[52] Em linhas gerais, a produção é compreendida como bens e serviços, enquanto fatores de produção são os recursos humanos ou não humanos que são consumidos. Assim, produtividade é uma medida que expressa a produção a partir da aplicação de determinado recurso ou a quantidade de produto por unidade de tempo.[53] Com isso, surge o "culto" à performance e ao desempenho,[54] e as pessoas passam a se sentirem culpadas por não estarem produzindo.

Você está sobrecarregado com sua lista de tarefas? Você se sente culpado quando diz "não" a alguma coisa? Você foi ensinado que "não" é uma palavra suja? Você acha que dizer "não" é um sinal de fraqueza? Das sociedades agropastoris dos tempos antigos às megalópoles do mundo moderno, o ser humano é convidado por Deus a aprender a descansar. O verdadeiro descanso de corpo e mente exige uma fé ativa em Deus e em sua provisão. Dessa forma, o descanso dissolve a urgência artificial que impomos sobre nós mesmos. Jesus disse expressamente que nossa vida não é definida pela produção e pelo consumo de bens. Portanto, é crucial dizer "não" às agendas sobrecarregadas. É necessário aprender a desligar os aparelhos eletrônicos, arejar a mente, criar espaços de repouso e reflexão. A pausa nos possibilita discernir onde estamos, quem somos e para onde podemos ir sob a bênção de Deus. Jesus convida todos os cansados e sobrecarregados a descansarem nele, trocando os pesos inúteis e o jugo pesado pelo descanso da alma e jugo suave que ele oferece. Quando dizemos automaticamente "sim" para tudo, é o momento de parar e refletir. Precisamos aprender a dizer o "não" nosso de cada dia.

EXERCÍCIO REFLEXIVO: QUAL NOSSA REAL CAPACIDADE DE DIZER "NÃO" PARA OUTRAS PESSOAS?

As autoras Jo Ellen Grzyb e Robin Chandler[55] elaboraram uma lista de perguntas que pode auxiliar na reflexão sobre nossa própria conduta. Elas recomendam pensarmos nestas questões, considerando a frequência com a qual realizamos as condutas mencionadas: (1) nunca; (2) às vezes; (3) muitas vezes; (4) sempre. Ao final do exercício reflexivo, se você tiver anotado muitas vezes os números 3 ou 4, significa que precisa reconsiderar sua real capacidade de dizer "não" às preocupações maléficas. A seguir, confira a lista de perguntas adaptada e resumida:

- Desculpa-se mesmo quando você não fez nada errado?
- Pede permissão mesmo quando é desnecessário?
- Evita conflitos a todo custo?
- Assume que tudo é culpa sua quando alguma coisa dá errado?
- Preocupa-se com o que as outras pessoas pensam, mesmo quando você não as conhece?
- Mente para evitar fazer algo que não quer e depois fica com medo de ser descoberto?
- Deseja ser agradável para todas as pessoas, mesmo que você não as conheça?
- Acha impossível dizer "não"?
- Sente culpa por pedir para alguém algo que você precisa?
- Sorri descontroladamente quando está recebendo más notícias?
- Tem medo de ser ridicularizado por expressar suas opiniões?
- Imagina que sabe o que outras pessoas estão pensando?
- Acredita que ninguém quer ouvir o que você tem a dizer?
- Prepara várias justificativas para o caso de alguém questionar seu comportamento?
- Sente-se intimidado e não gosta de atender ao telefonema?
- Faz perguntas redundantes como "posso fazer uma pergunta"?
- Tem dificuldade de expressar seus sentimentos para pessoas próximas?
- Recebe de forma pessoal uma crítica genérica?

- Odeia pedir um favor?
- Tem amigos que ficam tempo demais na sua casa e invadem sua privacidade?
- Sente que precisa lembrar todo mundo que é seu aniversário?
- Concorda publicamente com os outros, mesmo que internamente não concorde?
- Sobrecarrega a agenda de compromissos?
- Pede desculpas exageradas quando se atrasa?
- Busca confirmação quando faz uma sugestão?
- Diz "você não deveria me dar isso" quando recebe um presente?
- Subvaloriza seu trabalho quando pedem um preço?
- Repassa conversas na mente de modo sucessivo?
- Não consegue tirar um dia de descanso?
- Dá o número de telefone para pessoas que você nunca mais vai ver?

Capítulo 3

Fé e razão contra a ansiedade

A sabedoria de contemplar, refletir e confiar

Não é a vida mais importante do que a comida, e o corpo mais importante do que a roupa? Observem as aves do céu: não semeiam nem colhem nem armazenam em celeiros; contudo, o Pai celestial as alimenta. Não têm vocês muito mais valor do que elas? Quem de vocês, por mais que se preocupe, pode acrescentar uma hora que seja à sua vida? Por que vocês se preocupam com roupas? Vejam como crescem os lírios do campo. Eles não trabalham nem tecem. Contudo, eu lhes digo que nem Salomão, em todo o seu esplendor, vestiu-se como um deles. Se Deus veste assim a erva do campo, que hoje existe e amanhã é lançada ao fogo, não vestirá muito mais a vocês, homens de pequena fé?

Mateus 6.25-30

NESSA passagem, Jesus estabeleceu de uma vez por todas o "não" como a tônica do combate à ansiedade, mas não parou por aí. Depois de deixar uma advertência geral: "Não se preocupem com sua própria vida, quanto ao que comer ou beber; nem com seu próprio corpo, quanto ao que vestir" (v. 25), ele apresentou seu primeiro argumento contra a ansiedade a partir de uma pergunta retórica: "Não é a vida mais importante que a comida, e o corpo mais importante do que a roupa?" (v. 25). Há, portanto, uma resposta subentendida no raciocínio de Jesus: "Sim. A vida é mais importante do que a comida e, sim, o corpo é mais importante do que a roupa". Desse modo, Jesus pontuou que a existência humana não se resume a obter meios de sobrevivência. A tese divina é esta: *a existência humana é um dom maior*. Esse é o ponto de partida do primeiro argumento.

Por que há algo em vez de nada? Por que as coisas existem? Por que nós existimos? Não podemos responder por nós mesmos, porque também não escolhemos existir. A existência se impõe a nós, ou seja, não temos controle sobre a origem de nossa própria existência. Precisamos reconhecer que nossa própria vida nos foi dada, não conquistada. Passamos a existir a partir de determinado ponto no tempo-espaço por razões alheias à nossa própria vontade. Somos criaturas criadas, não autocriadas. A noção de autocriação é logicamente absurda, pois para alguém criar a si próprio seria necessário existir antes de sua própria existência. Assim, Jesus abre o caminho para reafirmar a crença básica de Israel: em última instância foi Deus, o Pai celeste, quem decidiu que viéssemos à existência, foi ele quem nos deu a vida. Na linguagem do salmista, foi Deus quem criou o íntimo do nosso ser e nos teceu no ventre de nossas mães (Salmos 139.13).

Tendo Deus já nos concedido as coisas maiores, a vida e o corpo, ele também providenciará as coisas menores, comida e roupas. Por isso, a ansiedade deve ser combatida, pois transforma a subsistência em algo maior do que a própria vida e reduz a existência humana ao medo escatológico de não subsistir. Ao examinar o medo que o ser humano tem de desaparecer, de deixar de existir, o teólogo Paul Tillich afirmou que a "ansiedade é a consciência existencial de não ser".[56] Tillich explicou que "existencial" nessa definição se refere não ao conhecimento da transitoriedade da vida, ou à experiência da morte dos outros, mas à impressão profunda que esses eventos deixam em alguém, a ponto de fazê-lo experienciar sua própria finitude e entender que "não ser" um dia já faz parte de seu próprio "ser" hoje.

Os eruditos identificaram no raciocínio de Jesus um princípio de interpretação e argumentação rabínica conhecido como *qal wahomer*, que

A ansiedade deve ser combatida, pois transforma a subsistência em algo maior do que a própria vida e reduz a existência humana ao medo escatológico de não subsistir.

significa literalmente "leve e pesado". Esse princípio estabelece relações lógicas do menor para o maior, e vice-versa,[57] e assemelha-se ao argumento formal da retórica clássica conhecido como *a fortiori* (se aceitamos a verdade daquilo, então com muito mais razão temos de aceitar a verdade disto). Os argumentos *a fortiori* podem ser *a maiore ad minus* (do maior para o menor), ou *a minore ad maius* (do menor para o maior). Na passagem, Jesus fez uma comparação do maior para o menor: se recebemos a vida e o corpo de Deus, então é razoável inferir que também receberemos o alimento e a vestimenta. Para ilustrar e desenvolver seu argumento, Jesus apresentou ainda duas imagens: uma relacionada aos animais, citando as aves do céu (vs. 26-27), e outra relacionada às plantas, citando os lírios do campo (vs. 28-30). As aves são nobres, pois estão nas alturas, as flores, embora fincadas ao chão, estão revestidas de beleza e esplendor. Nos dois exemplos, Deus é apresentado como o supremo provedor da vida. Esse modo de ensinar é próprio do antigo gênero conhecido como instrução sapiencial, caracterizado por apelos à observação, ao raciocínio e à prudência (Provérbios 6.6-10; Jó 12.7-10).[58]

As aves do céu

À bela maneira dos sábios de Israel, Jesus apresentou a primeira imagem: "Observem as aves do céu: não semeiam nem colhem nem armazenam em celeiros; contudo, o Pai celestial as alimenta. Não têm vocês muito mais valor do que elas?" (v. 26). Esse é, de fato, um momento sublime nos evangelhos. Conduzindo com graça nosso olhar para os céus, Jesus convida-nos a reconhecermos nas aves mais simples a carinhosa presença e os desvelos de Deus. A pura contemplação das aves é muitas vezes um remédio efetivo para mentes agitadas. Batendo as asas com leveza e planando nos altos céus, as aves flutuam muito acima das nossas preocupações rasteiras. Carlos Drummond de Andrade, elogiando a beleza e simplicidade das aves, disse que "o homem se vangloria de ter imitado o voo das aves com uma complicação técnica que elas dispensam".[59] Assim, as palavras de Jesus elevam nossos olhos para que contemplem a suavidade e desenvoltura das aves que povoam os céus. Quantas pessoas ficam ansiosas porque só olham para si mesmas, contemplando o próprio umbigo. Ao redirecionar nosso olhar para os céus, Jesus utiliza um termo forte, que significa literalmente "olhar fixamente", "olhar de modo concentrado", "olhar com atenção e reflexão". É interessante notar que, embora esse convite seja universal, nem todos são capazes de aceitá-lo, pois ainda possuem olhos maus (Mateus 6.22,23). São os olhos bons que podem encher todo o corpo de luz. O olho bom é aquele iluminado por uma firme disposição do coração e da mente. Não basta ver, é preciso ver e interpretar com atenção. Um pensamento atribuído a Stanley Jones diz que "a preocupação é uma espécie de miopia".

Desse modo, se olharmos atentamente, perceberemos que as aves dos céus são sustentadas por Deus. Em seu discurso, Jesus evoca a consciência israelita de que Deus cuida de tudo e todos: "Os olhos de todos estão voltados para ti, e tu lhes dá o alimento no devido tempo" (Salmos 145.15); "Ele cobre o céu de nuvens, concede chuvas à terra e faz crescer a relva nas colinas. Ele dá alimento aos animais, e aos filhotes dos corvos quando gritam de fome" (Salmos 147.8,9); "Quem dá alimento aos corvos quando os seus filhotes clamam a Deus e vagueiam por falta de comida?" (Jó 38.41). Deus é tão soberano e zeloso com o universo que criou, que se preocupa até mesmo com o alimento dos pequenos passarinhos. Desse modo, as aves do céu são menos um modelo e mais um testemunho do cuidado de Deus com sua criação, o qual nos enche de fé na nossa luta contra a ansiedade. Meister Eckhart afirmou que "toda criatura está cheia de Deus e é um livro".[60] Podemos dizer que as aves trabalham à sua maneira, fazendo ninhos, caçando insetos, buscando cereais, e Deus as alimenta, não estendendo uma mão cheia de comida, mas providenciando na natureza os recursos de que elas precisam. Do mesmo modo, nossas necessidades são supridas por Deus por meio do nosso trabalho. Moisés advertiu o povo de Israel quanto a essa questão: "Não digam, pois, em seu coração: 'A minha capacidade e a força das minhas mãos ajuntaram para mim toda esta riqueza'. Mas lembrem-se do Senhor, o seu Deus, pois é ele que lhes dá a capacidade de produzir riqueza" (Deuteronômio 8.17,18). Jesus dá a mesma lição indicando que a razão última do nosso sustento é a graça de Deus, que nos deu força para trabalhar.

Há um paralelo interessante entre o ensino de Jesus sobre as aves e o ensino do livro de Provérbios sobre as formigas (Provérbios 6.6-9). Se por um lado as formigas são exemplos para os *preguiçosos*, por outro, as aves dos céus são exemplos para os *ansiosos*. Ambos os textos iniciam com um convite à observação: "observe a formiga" (Provérbios 6.6) e "observem as aves do céu" (Mateus 6.26). Vale destacar também que tanto um como o outro elencam três características dos animais. A formiga "não tem chefe, nem supervisor, nem governante" (Provérbios 6.7); já as aves do céu "não semeiam nem colhem nem armazenam em celeiros" (Mateus 6.26). As duas passagens apresentam uma oposição: a formiga "*ainda assim* armazena as suas provisões no verão e na época da colheita ajunta o seu alimento" (Provérbios 6.8, grifo nosso); já as aves, não armazenam comida, "*contudo*, o Pai celestial as alimenta" (Mateus 6.26, grifo nosso). Por fim, ambos os textos culminam em uma pergunta provocativa do interlocutor: "Até quando você vai ficar deitado, preguiçoso?" (Provérbios 6.9); e "Quem de vocês, por mais que se preocupe, pode acrescentar uma hora que seja à sua vida?" (Mateus 6.27). Assim como as formigas são um lembrete incisivo direcionado aos preguiçosos, de que devem trabalhar com responsabilidade e dedicação, as aves do céu servem para lembrar os ansiosos de que devem confiar em Deus, e não nos próprios esforços.

Na passagem registrada em Mateus, Jesus acrescenta um componente irônico ao seu discurso ao destacar que as aves não semeiam, nem colhem, nem armazenam, tarefas estas que de fato não são atribuídas aos pássaros, mas aos seres humanos. Nenhum passarinho jamais foi ao banco reclamar com o gerente ou se preocupou com a oscilação da bolsa de valores. Ninguém jamais encontrou um pássaro na fila de um caixa eletrônico, tenso, discutindo ao telefone sobre boletos a serem quitados. Semear, colher e armazenar são atividades humanas. A linguagem que Jesus utiliza é deliberadamente instigante, pois pretende levar o público à reflexão. A partir dessas colocações, Jesus contrapõe um aspecto importante da ansiedade humana: as aves não têm a pretensão de controlar o futuro. A ansiedade humana, por sua vez, configura-se como uma forma de presunção, pois se baseia na crença equivocada de que é possível controlar o amanhã. Desse modo, "não se gabe do dia de amanhã, pois você não sabe o que este ou aquele dia poderá trazer" (Provérbios 27.1).

Se Deus alimenta as aves do céu, acaso ele não nos alimentará? Com profundo amor, Jesus ressaltou a importância da vida humana, colocando-a em um patamar superior ao das aves: "Não têm vocês muito mais valor do que elas?" (v. 26). Em outra ocasião, Jesus expressou esse mesmo pensamento de maneira inequívoca: "Vocês valem mais do que muitos pardais!" (Mateus 10.31). A falta do senso de valor próprio leva o ser humano à ansiedade e vice-versa, a ansiedade leva o ser humano a perder seu senso de valor próprio. Jesus, porém, quebra esse círculo vicioso ao declarar a dignidade da vida humana. A noção básica da dignidade humana, afirmada primeiramente na Torá, é justamente o senso irredutível de que o ser humano possui um valor inapagável inerente à sua condição de criatura feita à imagem e semelhança de Deus. Cada vida humana é valiosa porque cada ser humano é portador da imagem real de Deus. Embora essa semelhança com Deus tenha sido maculada pelo pecado — a rebelião contra o Criador —, ela ainda permanece em todos nós. No Evangelho, o Criador de todas as coisas convida suas criaturas a reconciliar-se com ele por intermédio de Jesus Cristo. E mesmo àqueles que rejeitam a oferta salvadora de Deus, não lhes é negado o valor intrínseco da criatura humana. O cristão é chamado a amar todas as pessoas sem que seja feita qualquer distinção — etnia, religião, preferência política, idade, condição socioeconômica (Mateus 22.39; Romanos 13.8; 1 Tessalonicenses 3.12). Todo ser humano, seja homem ou mulher, carrega consigo essa dignidade ao longo de toda a sua vida, da concepção à morte, do pó ao pó.

Jesus, então, fez outra pergunta: "Quem de vocês, por mais que se preocupe, pode acrescentar uma hora que seja à sua vida?" (v. 27). Vimos no primeiro capítulo que o texto grego diz "acrescentar um côvado", uma medida espacial. A palavra traduzida por "vida" é originalmente "estatura" (*helikian*) em grego. Ocorre que estatura pode significar tanto tamanho quanto idade. Como todo o contexto fala de comida para a sobrevivência, e não para o crescimento, concordo que está em foco aqui a duração da vida. A compreensão da brevidade da vida em termos metaforicamente espaciais aparece nos salmos: "Deste aos meus dias o comprimento de um palmo; a duração da minha vida é nada diante de ti. De fato, o homem não passa de um sopro" (Salmos 39.5). Compartilhando a mesma visão do salmista, Jesus reafirma que, por mais que nos preocupemos, não podemos aumentar o comprimento da nossa vida. Nesse ponto, há algo interessante de se notar: a Bíblia não apresenta qualquer registro de alguém que, estando ansioso, teve sua vida prolongada. Há, no entanto, o relato de alguém que, tendo orado a Deus com confiança, teve quinze anos acrescentados à sua vida. Trata-se da história do rei Ezequias, conforme registrada em Isaías 38.1-20. À beira da morte, Ezequias orou com muita fé e sinceridade e pediu a Deus, chorando amargamente, que seus anos fossem prolongados. Deus, então, respondeu-lhe por intermédio do profeta: "Ouvi sua oração e vi suas lágrimas; acrescentarei quinze anos à sua vida" (Isaías 38.5). De igual modo, Jesus ensinou que a confiança em Deus, e não a ansiedade, é a resposta adequada aos desafios da vida. O poder da pergunta de Jesus reside na absurdidade de presumirmos o controle do nosso próprio futuro. A preocupação tanto é incapaz de prolongar a vida como invariavelmente a encurta.

Os lírios do campo

A segunda imagem utilizada por Jesus é ainda mais detalhada e potencializa o efeito da primeira: "Por que vocês se preocupam com roupas? Vejam como crescem os lírios do campo. Eles não trabalham nem tecem. Contudo, eu lhes digo que nem Salomão, em todo o seu esplendor, vestiu-se como um deles. Se Deus veste assim a erva do campo, que hoje existe e amanhã é lançada ao fogo, não vestirá muito mais a vocês, homens de pequena fé?" (vs. 28-30). A pergunta introdutória estabelece o assunto a ser tratado: a preocupação com o que vestir. De fato, essa preocupação aparece desde o início da narrativa bíblica, não apenas como um símbolo da fragilidade física humana, mas também como insígnia da fragilidade espiritual, do senso de culpa e indignidade experienciados por causa do pecado. Antes de o pecado entrar no Jardim do Éden por meio da desobediência, o ser humano vivia nu, mas até então não se envergonhava disso. Ao pecarem, no entanto, o homem e a mulher perceberam sua nudez e muito envergonhados desejaram cobri-la com folhas de figueira. Foi o próprio Deus quem coseu as primeiras roupas de peles de animais e com elas vestiu homem e mulher (Gênesis 3.21). Assim, por causa do pecado, as roupas representam desde o princípio da narrativa bíblica mais do que mera cobertura.

No trecho do Sermão do Monte em que Jesus falou sobre o esplendor das vestes de Salomão, uma função específica das roupas entrou em destaque: elas podem ser símbolos de distinção. Diferentemente do exemplo das aves do céu, no qual explorou os aspectos relacionados à necessidade de sobrevivência, nesse exemplo Jesus foi um pouco além, relacionando a preocupação com as vestimentas não apenas à proteção do corpo, mas também ao anseio por magnificência, dignidade e prestígio. Além de proteger o corpo dos fatores ambientais, a roupa pode servir bem ao papel de símbolo de distinção pessoal. Quanto a isso, a Bíblia oferece alguns exemplos ao citar os trajes reais de Ester (Ester 5.1), as vestes sacerdotais de Arão (Êxodo 28.31-35) e a túnica especial que Jacó presenteou ao seu filho José (Gênesis 37.3).

O ser humano é um ser que se veste e se adorna. Ao nos olharmos no espelho, ocorre uma reviravolta em nossa autoconsciência e passamos a nos ver a partir de outra perspectiva. Nesse momento, o "eu" se duplica, tornando-se ao mesmo tempo sujeito e objeto da visão: aquele que vê e aquele que é visto. Diante da nossa imagem refletida no espelho, vemos aquilo que imaginamos que os outros veem. As roupas, nesse processo, têm o poder de camuflar o ser, projetar um simulacro e até criar outro "eu". A roupa pode nos tornar outra pessoa — os atores e as atrizes que o digam. Indo um pouco além, as roupas também podem afetar nosso comportamento em relação aos outros. Nesses casos, confirma-se o velho adágio: "o hábito faz o monge". O filósofo William Desmond ressalta que a ansiedade pelo que vestir muitas vezes caracteriza a autoafirmação juvenil, que recorre a adornos excessivos e exagerados a fim de confrontar a própria cultura: "O adorno ultrajante envia uma mensagem ao outro: olhe para mim! Eu sou um eu! Eu me sobressaio! Eu sou diferente!".[61]

Destacando sua advertência quanto ao que vestir, Jesus contra-atacou o comportamento ansioso convidando seus ouvintes a olharem para os lírios do campo. Dessa vez, em vez de manter os olhos nas aves do céu, eles deveriam abaixar os olhos para contemplar algo mais próximo deles, mais especificamente aos seus pés. As flores estão mais achegadas a nós, então podemos vê-las com mais detalhes e reparar em sua vivacidade. Não se sabe exatamente qual a espécie de flor mencionada por Jesus. Alguns estudiosos sugerem que Jesus pode estar de referindo às anêmonas roxas,[62] em vez dos lírios brancos, pois estes seriam mais raros naquela região, enquanto as anêmonas, além de mais comuns, são mais inflamáveis — um aspecto relevante, já que Jesus mencionou flores que são lançadas ao fogo. No entanto, o ponto central a esse respeito está no fato de se tratar de uma espécie de flor do campo, ou seja, uma flor silvestre, e não uma flor que foi cultivada em um jardim. Os lírios do campo, disse Jesus, crescem sem trabalhar ou tecer. Ulrich Luz aponta um detalhe interessante que escapa àqueles que não conhecem o grego clássico: o termo traduzido por "trabalhar" no exemplo dos pássaros era usado na Antiguidade para se referir ao trabalho de homens, enquanto o termo traduzido por "tecer" no exemplo das flores, para se referir ao trabalho de mulheres. Assim, Luz observa que as palavras utilizadas neste trecho do Sermão do Monte incluem a totalidade das pessoas, tanto homens quanto mulheres.[63] Jesus convidou seus ouvintes a contemplarem como crescem os lírios do campo para em seguida apresentar um contraste surpreendente: "Contudo, eu lhes digo que nem Salomão, em todo o seu esplendor, vestiu-se como um deles". O mestre utilizou mais uma vez a expressão "eu lhes digo", reforçando sua conexão direta com o que se propôs a dizer naquele momento. Por fim, mencionou explicitamente o rei Salomão, proverbialmente conhecido como um rei glorioso (1 Reis 3.13; 10.1-29; 2 Crônicas 9.15-28).

Jesus esclarece que nem mesmo Salomão, no auge de sua glória, com toda a suntuosidade e todo o luxo que o cercavam, vestiu-se com tanta majestade como os lírios do campo. Como isso é possível? Que tipo de comparação é essa? Jesus explicou: toda flor silvestre tem uma beleza insuperável, pois é o próprio Deus quem as "veste". Com isso, é possível concluir que as roupas confeccionadas pelo ser humano jamais serão suficientes para oferecer a distinção que tanto almejamos, pois somente Deus pode verdadeiramente nos revestir da mais elevada honra. Na sequência do evangelho de Mateus, Jesus faz um apontamento igualmente importante ao dizer que o profeta João Batista não se destacou por vestir roupas finas. Pelo contrário, ele vestia roupas simples — e até mesmo rudes — feitas de pelo de camelo cingida por um cinto de couro (Mateus 3.4). Contudo, a despeito da simplicidade de suas roupas, pessoas de todas as partes iam até o deserto para vê-lo. A esse respeito Jesus disse: "O que foram ver? Um homem vestido de roupas finas? Ora, os que usam roupas finas estão nos palácios reais" (Mateus 11.8). Ele, portanto, enfatizou que a distinção de João não estava em suas roupas, mas por sua posição de profeta ungido por Deus. Ainda que não possuísse roupas de luxo, "entre os nascidos de mulher não surgiu ninguém maior do que João Batista" (Mateus 11.11).

A pergunta final de Jesus é contundente: "Se Deus veste assim a erva do campo, que hoje existe e amanhã é lançada ao fogo, não vestirá muito mais a vocês, homens de pequena fé?". Só Deus tem o poder de embelezar a vida, portanto, preocupar-se com o que vestir e com a distinção revela-se um completo desatino. Repare que, dessa vez, Jesus se referiu aos lírios como "erva do campo" — um termo genérico para plantas — e sublinhou sua efemeridade. João Crisóstomo[64] observou com perspicácia que, primeiro, Jesus apontou a condição vulnerável dos lírios ao usar a expressão "que hoje existe". Na sequência, em vez de apenas acrescentar "e amanhã não existe", ele diz "e amanhã é lançada ao fogo", destacando de forma deliberada quão perecíveis os lírios são. Se Deus se alegra em embelezar uma flor tão transitória, que vive tão pouco e serve de combustível para o forno, ele também se alegrará em vestir seus filhos amados. Porque o Pai celeste provê, não precisamos andar ansiosos. Jesus reforçou mais uma vez o valor do ser humano para o próprio Deus: somos valiosos para o Pai. O evangelho de Jesus responde ao anseio mais profundo do coração humano — ser amado, aceito e valorizado incondicionalmente. O amor providente de Deus está no cerne da argumentação de Cristo. Como afirmou o amado pastor Tim Keller, como cristãos, rejeitamos qualquer explicação da vida que se recuse a dar primazia ao amor.[65]

A comparação entre humanos e plantas remonta a uma antiga tradição. O salmista, por exemplo, disse: "A vida do homem é semelhante à relva; ele floresce como a flor do campo" (Salmos 103.15). Na mesma linha, Jesus fez uma comparação para ilustrar a insensatez da ansiedade pelo que vestir.

As perguntas retóricas de Jesus grifam a incompatibilidade entre a ansiedade e a fé; desse modo, aqueles que vivem preocupados com o que vão vestir são, segundo Jesus, "homens de pequena fé". O sermão de Jesus nos ensina que fé e razão trabalham juntas contra a ansiedade. Quanto mais observarmos e refletirmos sobre o cuidado de Deus na natureza e em nossa vida, mais fé teremos. A razão fundamentada aumenta a fé, mas a falta de observação e reflexão sobre a providência divina favorece a ansiedade. A vida é um dom e o cuidado de Deus está em toda parte. Se ele cuida das aves do céu e dos lírios do campo, certamente cuidará de nós.

Fé e razão contra a ansiedade

O argumento de Jesus não desemboca em uma visão romantizada da vida natural. O Sermão do Monte leva a sério as desgraças presentes nas sociedades humanas. Desde as bem-aventuranças, na abertura da mensagem, Jesus aborda temas como pobreza, tristeza, brutalidade, injustiça, falta de misericórdia, impureza de coração, guerra, perseguição dos justos e martírio. A própria ansiedade é levada à sério. Jesus assume que as preocupações são elementos típicos do comportamento humano, uma resposta fundamental à própria finitude, mortalidade, limitação epistêmica, carência de valor e significado. Contudo, ele mostrou que as preocupações obsessivas são destrutivas e, portanto, devem ser combatidas. *A vida é um dom incomparável, pois o próprio Deus é seu autor e sustentador.*

Vale destacar que, em dois milênios de tradição reflexiva cristã, as diversas igrejas e orientações teológicas desenvolveram perspectivas e nuances diferentes da doutrina da providência. Podemos destacar Agostinho de Hipona, Teodoreto, Boécio, Tomás de Aquino, Martinho Lutero, Ulrico Zuínglio, João Calvino, Gottfried Leibniz, William Paley, Reginald Garriou-Lagrange, Karl Barth e Austin Farrer como exemplos de teólogos e filósofos envolvidos em um debate extremamente intrincado e sofisticado — o qual determinou a agenda de reflexão política e econômica do Ocidente.[66] Apesar das diferenças sustentadas nesse debate, há um ponto básico inquestionável que une as distintas vertentes teológicas: Deus é o criador e o sustentador de todas as coisas. Esse conceito é tecnicamente chamado de *providência geral* e historicamente está presente em todas as concepções cristãs da providência divina.[67] A providência geral é declarada em toda a Escritura e foi enfatizada por Jesus no Sermão do Monte. Deus não apenas criou o cosmos, mas o sustenta — em todas suas dimensões — micro e macro. Em outras palavras, a água continua sendo água, a grama continua sendo grama, a pedra continua sendo pedra porque Deus sustenta a existência de todas as coisas. Deus é grande o suficiente para cuidar da nossa menor necessidade.

Embora as palavras de Jesus no Sermão do Monte sejam inicialmente direcionadas aos seus discípulos, elas estão abertas ao auditório universal. Se o ouvinte incidental de Jesus é alguém cético, que só crê naquilo que pode ver e tocar, tanto melhor. De acordo com Jesus, não são necessárias teorias complicadas, pois são as experiências mais simples do dia a dia que atestam a bondade de Deus. Pensando nisso, Jesus combateu o ceticismo radical chamando a nossa atenção para coisas que estão bem diante de nossos olhos e podem ser verificadas imediatamente do ponto de vista fenomenológico: as aves no céu e os lírios no campo. Para Jesus, a bondade da vida pode ser constatada na experiência diária. Gostaria de apontar algumas implicações do ensino de Jesus e propostas práticas para a luta contra a ansiedade.

1. Contemple a natureza com regularidade

Diversos estudos científicos[68] comprovam que o contato regular com a natureza diminui e previne ansiedade, pressão alta, insônia, depressão e asma. A professora Heather Eliassen, da faculdade de Saúde Pública da Universidade de Harvard, afirma que os benefícios da interação com a natureza melhora o sono, a pressão arterial, a função cognitiva, bem como reduz os riscos de enfermidades crônicas como diabetes, doenças cardiovasculares e câncer.[69] Práticas simples como caminhadas em parques, espaços abertos e arborizados são benéficas para a saúde física e mental. No Sermão do Monte, Jesus afirmou os benefícios espirituais de se observar as aves do céu e o crescimento dos belos lírios do campo como sinais do cuidado de Deus. No Antigo Testamento, o profeta Isaías foi levantado por Deus para consolar o povo de Israel que estava ansioso.

Nesse caso, a estratégia foi a mesma: "Ergam os olhos e olhem para as alturas. Quem criou tudo isso?" (Isaías 40.26). No Novo Testamento, Paulo afirma sem hesitação que certos atributos de Deus podem ser conhecidos a partir da observação da natureza: "Pois desde a criação do mundo os atributos invisíveis de Deus, seu eterno poder e sua natureza divina, têm sido vistos claramente, sendo compreendidos por meio das coisas criadas" (Romanos 1.20). Nas Escrituras, a criação não é um fim em si mesma, mas um testemunho que aponta para o Criador, o único digno de ser adorado. Assim, o contato com a natureza pode ser relaxante para o corpo cansado, e saudável para a mente ansiosa. Muitos habitantes dos aglomerados urbanos simplesmente perderam essa capacidade de contemplar a criação. Mário Quintana escreveu no poema *Cartazes*:[70]

> Os ônibus anunciam dentifrícios, depilatórios, tônicos, etc.
> As lojas anunciam liquidações.
> Os muros anunciam candidatos.
> Os letreiros luminosos anunciam refrigerantes, pneus, o diabo...
> E quando, enfim, numa última tentativa de fuga, a gente ergue os olhos para o céu sereno, os Céus anunciam a Glória do Senhor.

O pastor Charles Spurgeon, na efervescente metrópole de Londres da era vitoriana, repreendeu os cristãos que desprezavam a contemplação da natureza. No sermão *Lições da natureza*, Spurgeon afirmou: "o que é desprezar a obra criadora de Deus senão, em certa medida, desprezar o próprio Deus? [...] Aqui nesta terra está o Calvário onde o Salvador morreu e, por seu sacrifício, oferecido não dentro de paredes e telhados, ele fez deste mundo exterior um templo onde tudo fala da glória de Deus".[71] Aproximar-se da natureza e ter contato com árvores, rios, flores, campos pode nos revigorar e nos oferecer uma nova perspectiva de vida. No livro do profeta Jeremias, Deus pergunta: "Não sou eu aquele que enche os céus e a terra?" (Jeremias 23.24). De fato, o poder de Deus é manifesto em cada pulso do ser orgânico e inorgânico, em repouso e em movimento, de dia e de noite. Cada criatura tem seu próprio brilho e sua própria beleza única dada por Deus. Ser contemplativo é ser capaz de perceber cada epifania e desfrutá-la com o coração grato a Deus. Tomás de Aquino afirmou que "Deus criou as coisas para que sua bondade pudesse ser comunicada às criaturas e representadas por elas".[72] Deus está presente nas profundezas de toda realidade, pois ele mesmo é a fonte de tudo que é real. A carta aos Colossenses afirma que no próprio Jesus "foram criadas todas as coisas nos céus e na terra, as visíveis e as invisíveis, sejam tronos ou soberanias, poderes ou autoridades; todas as coisas foram criadas por ele e para ele. Ele é antes de todas as coisas, e nele tudo subsiste" (Colossenses 1.16,17).

2. Valorize a espontaneidade, permitindo-se pensar sem automatismos

Rubem Alves analisou com uma dose de humor e ironia a tendência de suprimirmos os aspectos contemplativos da vida e sobrevalorizarmos os pragmáticos. Na apresentação de seu livro *Pinóquio às avessas*, Alves afirma: "por exemplo: a moral de *Os três porquinhos* é que os músicos, os artistas, são preguiçosos e irresponsáveis. O herói é o porco Prático sempre sisudo e preocupado. Trata-se de uma variação do tema da fábula *A cigarra e a formiga*. Isso me provocou a escrever outra versão da história em que os heróis são os artistas".[73] As preocupações, de fato, costumam engessar nosso modo de raciocinar. O pragmatismo ansioso esmaga nossa criatividade e nos limita a ser pessoas repetitivas, monotemáticas, cansadas, cansativas e até hipócritas. Nossas orações se tornam palavras da boca para fora, sem sinceridade. Nossos pensamentos ficam viciados, e só conseguimos ver as mesmas coisas do mesmo jeito. As pressões da vida moderna muitas vezes tentam nos enquadrar em determinado cubículo, ou nos enlatar como se fôssemos um alimento processado. Jesus, porém, destacou a espontaneidade das aves do céu. Quando observamos as aves voando, não sabemos para onde elas vão. Elas simplesmente voam livres e espontâneas. Este é um aspecto relevante para enfrentarmos as preocupações: valorizar os momentos lúdicos, as artes, os passeios sem pressa, e os bate-papos em família.

O linguista Johan Huizinga, em seu texto clássico *Homo ludens: o jogo como elemento da cultura*,[74] examinou filosoficamente a capacidade humana (que os animais também compartilham) de brincar. Ele identificou características centrais como o fato de o jogo ser uma livre evasão da realidade, uma esfera temporária de descontração com uma ordem e objetivos próprios. Os momentos lúdicos são muito importantes para a mente de qualquer pessoa. Uma das imagens bíblicas mais bonitas sobre a restauração de todas as coisas diz que "a criancinha brincará [...] ninguém fará mal nenhum" (Isaías 11.8,9). Passar longos períodos sem descansar a mente trará preocupações que afligem, entristecem, destroem e matam. Um velho ditado diz que os vermes te comem morto, a preocupação te devora vivo. É preciso dar ouvidos ao que Jesus diz e erguer os olhos para os céus. O dramaturgo Mehmet Murat Ildan disse: "onde quer que haja pássaros, há esperança".[75]

3. *Contemple os lírios do campo, não os delírios da ansiedade*

Se você se preocupa excessivamente, provavelmente sente que está perdendo o controle da própria mente e está prestes a sobrecarregar o cérebro e o coração com pensamentos sobre o que você deveria ter medo e sobre as coisas horríveis que poderiam acontecer com você e com quem você ama. É como se você submetesse a mente à tortura. No Sermão do Monte, Jesus ensinou que devemos olhar para os lírios e refletir sobre o cuidado de Deus. Ao abordar o tema da ansiedade, ele não disse: "Observem os *delírios* do campo". O próprio Jesus é a esperança do Evangelho. Ele nunca disse: "eu sou o beco sem saída", mas sim "Eu sou o Caminho, e a Verdade, e a Vida". Em nenhum lugar Jesus prometeu um caminho fácil, mas ele garantiu que estaria conosco. O evangelho de Mateus inicia dizendo que Jesus é Emanuel, nome que significa "Deus conosco", e termina com as próprias palavras de Jesus que garantem: "e eu estarei sempre com vocês, até o fim dos tempos" (Mateus 1.23; 28.20).

Se não abrimos nossa mente para os lírios do campo, os delírios da ansiedade prevalecerão sobre nós. A preocupação crônica nos faz enxergar o mundo de uma forma mais ameaçadora do que ele realmente é, superestimando a possibilidade de as coisas darem completamente errado. A ênfase de tudo recai sobre perigos, ameaças ou sobre a própria vulnerabilidade. Assim, os ansiosos perdem a paz por causa de detalhes insignificantes, ficando aflitos de modo completamente desproporcional aos fatos. Essas atitudes irracionais também são conhecidas como *distorções cognitivas*. Carrie L. Yurica e Robert A. DiTomasso sistematizaram os principais tipos de distorção cognitiva na *Encyclopedia of Cognitive Behavior Therapy*:[76]

Pular para conclusões/inferência arbitrária

Nesse tipo de distorção, a pessoa chega a conclusões negativas completamente infundadas. Exemplo: "Eu realmente vou estragar tudo".

Catastrofização

Processo de avaliação pelo qual se acredita que o pior resultado possível ocorrerá ou ocorreu. Exemplo: "É melhor eu não tentar porque posso falhar, e isso seria péssimo".

Comparação

Tendência de se comparar o tempo todo, e o resultado normalmente resulta na conclusão de que alguém é inferior ou pior do que os outros. Exemplo: "Eu queria ser aquela pessoa".

Pensamento dicotômico "tudo ou nada"

Tendência de ver todas as experiências se encaixando em duas categorias extremas sem a capacidade de perceber nuances. Exemplo: "Eu estraguei minha dieta completamente".

Desqualificação do positivo

Processo de rejeitar as experiências ou os atributos positivos. Exemplo: "Esta experiência de sucesso foi apenas um acaso".

Raciocínio emocional

Uso predominante de um estado emocional para formar conclusões sobre si mesmo, sobre os outros ou sobre situações em geral. Exemplo: "Tenho medo de viajar de avião. Deve ser muito perigoso voar".

Exteriorização da autoestima

Processo de basear quase exclusivamente o desenvolvimento e a manutenção da autoestima na opinião de outras pessoas. Exemplo: "Meu valor depende do que os outros pensam de mim".

Se não abrimos
nossa mente para
os lírios do campo,
os delírios da
ansiedade prevalecerão
sobre nós.

Adivinhação

Processo de prever o resultado negativo de um evento futuro e acreditar que essa previsão é absolutamente verdadeira. Exemplo: "Eu nunca, nunca vou me sentir melhor".

Marcação

Processo de rotular a si mesmo usando nomes depreciativos. Exemplo: "Sou uma fracassada".

Ampliação

Tendência de exagerar ou ampliar a importância positiva ou negativa de algum traço pessoal, evento ou circunstância. Exemplo: "Eu sempre exagero a importância das coisas".

Leitura da mente

Conclusão arbitrária de que alguém está reagindo negativamente em relação a você, sem evidências que apoiem essa conclusão. Exemplo: "Só que ele me desaprova".

Supergeneralização

Processo de formular regras ou conclusões com base em uma experiência muito limitada e aplicar essas regras em situações amplas e não relacionadas. Exemplo: "Não importa quais sejam as minhas escolhas, elas sempre falham".

Perfeccionismo

Esforço constante de viver de acordo com alguma representação subjetiva de perfeição sem examinar as evidências da razoabilidade desses padrões subjetivos de perfeição. Exemplo: "Fazer um trabalho bom é semelhante a ser um fracasso".

Personalização

Processo de assumir a causalidade pessoal para situações, eventos e reações de outros quando não há evidências que sustentem essa conclusão. Exemplo: "Esse comentário não foi aleatório, deve ter sido direcionado para mim".

Abstração seletiva

Processo de focar exclusivamente em um aspecto ou detalhe negativo de uma situação, ampliando a importância desse detalhe, lançando assim toda a situação indevidamente em um contexto negativo. Exemplo: "Devo focar nos detalhes negativos".

Constantes declarações "deveria"

Padrão de expectativas internas ou demandas sobre si mesmo sem que seja feito o adequado exame da razoabilidade dessas expectativas no contexto de sua vida, habilidades e outros recursos. Exemplo: "Eu não deveria ter ido à padaria".

As mídias sociais digitais, em especial, podem se tornar máquinas de ansiedade, uma vez que estão saturadas de conteúdos, desinformação, *fake news* e outros itens especialmente elaborados para "fisgar" nossa atenção. Ficamos absortos por várias horas do dia lendo e assistindo a coisas que apenas aumentam nosso desespero. Diante disso, Jesus propôs uma reeducação de nossos olhos e pensamentos. Ao invés de só olharmos para o ecrã de telefones, televisões e computadores, devemos olhar para o mundo real, concreto, onde a vida humana de fato acontece. Devemos olhar para a organicidade das flores, que crescem e se desenvolvem belas e magníficas. Em um mundo tão hostil e repleto de problemas e más notícias, Cristo nos lembra dos sinais da bondade divina. À luz da providência, nossos pensamentos e nossa compreensão da realidade se tornam mais sábios e maduros. Com a bênção de Deus em nossa vida, jamais enfrentaremos situações impossíveis de serem superadas. Em 1 Coríntios 10.13 está escrito: "não sobreveio a vocês tentação que não fosse comum aos homens. E Deus é fiel; ele não permitirá que vocês sejam tentados além do que podem suportar. Mas, quando forem tentados, ele mesmo lhes providenciará um escape, para que o possam suportar".

4. Cuidado com a megalomania

"Nem Salomão, em todo o seu esplendor, vestiu-se como um deles." A arrogância é uma superestimação do próprio valor que pode levar muitas pessoas à ansiedade. Nesse cenário, a pessoa começa a se comparar com as outras e está sempre em busca de mais prestígio e poder, podendo manifestar delírios de grandeza:[77]

- Crença de possuir uma fama inexistente.
- Crença de que é onipotente ou invulnerável.
- Senso inflado em relação à própria inteligência.
- Crença de que tem habilidades mágicas.
- Dificuldade de se relacionar com os outros por causa da ilusão.
- Crença persistente no delírio, apesar de evidências contrárias.
- Rejeição ou raiva de pessoas que se recusam a aceitar a crença delirante.
- Tentativas persistentes de fazer com que os outros aceitem a crença.
- Comportamento baseado em crenças evidentemente infundadas.

O megalomaníaco, por exemplo, gasta dinheiro compulsoriamente com coisas que não tem condição de arcar. Vale dizer que o mercado do luxo cresceu de 77 bilhões de euros em 1995 para 173 bilhões de euros em 2010, atingindo 1,38 trilhão de euros em 2023.[78] Catherine Kovesi, acadêmica especializada no estudo desse segmento, sustenta que não há evidência de que a espiral crescente de consumo de luxo irá descer.[79] Segundo ela, as classes econômicas emergentes são vorazes em adquirir bens que simbolizem sua ascensão financeira, isso faz com que as antigas elites busquem símbolos ainda mais exclusivos e caros, para que permaneçam sendo percebidas como elites. A continuidade dos privilégios interessa aos grupos dominantes, por isso, na busca por garantir sua posição, esses grupos também renovam constantemente seus signos de distinção.[80] Ou seja, as elites procuram evitar que seus códigos de distinção sejam apropriados por emergentes, pois isso determina a "dessacralização" e a perda de seu próprio *status*.

Os excessos megalomaníacos, contudo, não se referem apenas à aquisições, mas à comportamentos desregrados de todo tipo incluindo vícios e outros exageros. Repare que Jesus apontou para o *lírio*, não para o *ópio* narcótico extraído da flor papoila capaz de alienar a mente. A história do *showbiz* mostra o trágico destino de diversos artistas que, tomados por ímpetos de grandeza, se afundaram em entorpecentes e lamentavelmente morreram de overdose. Jesus disse que os vícios e excessos não anulam a ansiedade, mas fazem justamente o oposto: "Tenham cuidado, para não sobrecarregar o coração de vocês de libertinagem, bebedeira e ansiedades da vida, e aquele dia venha sobre vocês inesperadamente" (Lucas 21.34).

Ser uma pessoa famosa não é um mal em si mesmo. Um exemplo notável é Jesus, a pessoa mais famosa de toda história, ao ponto de a contagem do tempo ser dividida em antes e depois dele. Ele próprio disse que os seus discípulos eram a luz do mundo e deveriam resplandecer diante dos homens, para que suas obras fossem vistas e o Pai celeste glorificado por meio delas (Mateus 5.16). O apóstolo Paulo tinha consciência do impacto de sua fama e testemunho sobre as demais igrejas. Certa vez escreveu aos cristãos de Corinto: "Assim muitos darão graças por nossa causa, pelo favor a nós concedido em resposta às orações de muitos" (2 Coríntios 1.11). Em vez disso, Jesus reprovou a atitude de viver em função da fama, por isso ele denunciou os religiosos hipócritas que faziam tudo para serem vistos e aplaudidos pelas pessoas: "Eles fazem todas as suas obras para serem vistos pelos outros" (Mateus 23.5). Ao invés de confiarmos em nós mesmos, devemos confiar somente em Deus, pois, de acordo com o profeta Isaías, "aqueles que esperam no Senhor renovam as suas forças. Voam alto como águias; correm e não ficam exaustos, andam e não se cansam" (Isaías 40.31).

EXERCÍCIOS PARA CONTEMPLAR E REFLETIR

A ansiedade não vem de pensarmos no futuro, mas de querermos controlá-lo. Jesus ensinou a importância da contemplação e da reflexão como antídotos poderosos contra as preocupações doentias. Podemos citar dois exercícios práticos e simples que podem contribuir para o desenvolvimento dessas atitudes.

Para contemplar: Exercício 5-4-3-2-1

Na correria do dia a dia, muitas pessoas se tornam completamente insensíveis e desconectadas de seus próprios sentidos. A doutora Tracey Marks, psiquiatra experiente e renomada, sugere o exercício 5-4-3-2-1 como forma de reconexão com os próprios sentidos capaz de ampliar nossa percepção do próprio ambiente. O exercício, registrado na obra *Why Am I So Anxious?* [Por que sou tão ansioso?] é muito interessante:

5. *Cite cinco coisas que você pode ver:* examine seu ambiente e pense ou diga para si mesmo as cinco primeiras coisas que você vê. A Dra. Marks sugere para as pessoas muito ansiosas dizerem em voz alta para ampliar o impacto do exercício, mesmo que seja um sussurro.
4. *Cite quatro coisas que você pode sentir de modo tátil:* isso pode ser algo em sua mão, a roupa em sua pele ou a cadeira em que está sentado. Também pode incluir sensações corporais como o batimento cardíaco ou o movimento de respiração no peito.
3. *Cite três coisas que você pode ouvir:* por exemplo, o tique-taque do relógio, carros em movimento na rua, televisão na sala ao lado, passarinhos cantando.
2. *Cite duas coisas cujo cheiro você pode sentir:* qual é o cheiro do ambiente? Se a sala em que você está aparentar não ter cheiro, sinta em você mesmo. Você está usando alguma fragrância ou desodorante perfumado? Você está suado? Suas roupas têm qual cheiro?

1. *Cite uma coisa cujo gosto você sente:* você não precisa provar nada. Às vezes é o próprio gosto da pasta de dente. Você também pode nomear algo que gostaria de provar. Algumas pessoas têm dificuldade de perceber um gosto distinto,

Para refletir

Exercício da Janela de Resolução

É importante distinguir pensamentos úteis de preocupações inúteis. Pensar é construtivo e contribui na resolução de problemas, as preocupações destroem a energia e não chegam em lugar algum. Portanto, devemos focar o pensamento naquilo que edifica e ajuda a superar o "mal de cada dia", como Jesus ensinou. O exercício Janela de Resolução consiste em separar um tempo específico em seu dia para pensar sobre os problemas e em como resolvê-los de modo prático. Ao invés de deixar as preocupações devorarem sua paz o tempo todo, desenvolva o hábito de pensar de modo concentrado e efetivo nos seus desafios. Jesus falou que um rei que parte para uma batalha ou um empreiteiro que inicia um projeto, precisam primeiro sentar e calcular os custos. O hábito de ter tempo específico para pensar e planejar é essencial para o gerenciamento do estresse.

Capítulo 4
Ansiedades existenciais
A sabedoria de priorizar Deus

Portanto, não se preocupem, dizendo: "Que vamos comer?" ou "que vamos beber?" ou "que vamos vestir?". Pois os pagãos é que correm atrás dessas coisas; mas o Pai celestial sabe que vocês precisam delas. Busquem, pois, em primeiro lugar o Reino de Deus e a sua justiça, e todas essas coisas lhes serão acrescentadas.

Mateus 6.31-33

DEPOIS de ordenar aos seus seguidores que não vivessem corroídos por preocupações (v. 25), Jesus apresentou um argumento contra a ansiedade abordando o cuidado providente de Deus com toda a sua criação (vs. 25-30). Ele mostrou que a vida é mais importante do que as coisas, e que o próprio Deus dá e sustenta a vida. Assim, urge a necessidade de os discípulos aprenderem a dizer "não" para a ansiedade, refletindo mais na bondade divina e confiando no Pai, que sempre cuida de seus filhos. Neste capítulo, examinaremos o segundo argumento de Jesus contra as preocupações tóxicas — o qual apresenta o clímax de toda a passagem.

O termo "portanto", que inicia o trecho, conclui o raciocínio anterior e, ao mesmo tempo, introduz um novo argumento: "Portanto, não se preocupem, dizendo: 'Que vamos comer?' ou 'que vamos beber?' ou 'que vamos vestir?'. Pois os pagãos é que correm atrás dessas coisas; mas o Pai celestial sabe que vocês precisam delas" (vs. 31,32). O segundo argumento pressupõe o primeiro e repete o comando proibitivo dado no verso 25 contra as preocupações: "Não se preocupem". Agora, no entanto, observa-se uma pequena variação. Em vez de condenar diretamente a preocupação com a comida, a bebida e as vestes, Jesus utilizou-se da paródia para descrever as pessoas ansiosas, mencionando para isso a já conhecida tríade de preocupações: "que vamos comer?"; "que vamos beber?"; e "que vamos vestir?". O argumento, então, toma um rumo diferente ao se referir ao comportamento dos pagãos e ao conhecimento providencial de Deus. No primeiro argumento, Jesus baseou a proibição à ansiedade em exemplos da natureza (aves e flores), da história e das Escrituras (Salomão), distinguindo o valor inestimável da vida humana. Já o segundo argumento baseia-se na questão do *sentido da vida*, estabelecendo, dessa forma, as *prioridades* concretas que devem caracterizar a existência das pessoas.

A ansiedade materialista caracteriza os pagãos

Na primeira parte do verso 32, Jesus diz que "os pagãos é que correm atrás dessas coisas". De modo geral, a palavra grega *ethnoi* refere-se a "povos" ou "etnias"; no entanto, no contexto judaico característico do evangelho de Mateus, essa palavra assume um sentido mais específico, significando principalmente "pagãos" ou "gentios". Nesse caso, a ênfase de Jesus está no contraste entre um povo que conhece a Deus e outro que não o conhece. Assim, o termo "pagão" é utilizado para referir-se aos incrédulos, os quais estão distantes do reino de Deus. Efésios 2.11,12 afirma categoricamente que os pagãos (*ethnoi*) são aqueles que ainda vivem sem Cristo, longe da aliança com ele, sem esperança e sem Deus. No Sermão do Monte, por duas vezes, Jesus já havia contrastado expressamente o comportamento de seus seguidores em relação ao comportamento dos pagãos. Em Mateus 5.47, Jesus destacou a necessidade de seus discípulos serem cordiais não apenas uns com os outros, pois até os pagãos têm esse comportamento. Então os discípulos são convocados a superarem o óbvio, amando os inimigos e orando por seus próprios perseguidores. O segundo contraste foi apresentado em Mateus 6.7, quando Jesus orientou: "e quando orarem, não fiquem sempre repetindo a mesma coisa, como fazem os pagãos. Eles pensam que por muito falarem serão ouvidos". Desse modo, o tema da ansiedade traz o terceiro contraste explícito entre os discípulos de Jesus e os pagãos.

Dessa vez, o paganismo identifica-se com o materialismo e o consumismo, pois os pagãos são descritos como aqueles que "correm atrás dessas coisas", ou seja, são perseguidores implacáveis dos bens terrenos. Por isso eles perguntam ansiosos: "o que vamos *comer*?... *beber*?... *vestir*?". De acordo com Jesus, há pessoas que frequentemente se questionam a respeitos de *coisas*, mas nem sequer se perguntam sobre o *significado* maior da própria vida. Essas pessoas reduzem suas próprias existências ao nível das meras necessidades, assim como os animais o fazem, pois ainda não compreenderam o quanto Deus as ama. Sempre preocupadas com aquilo que o dinheiro pode comprar, é comum que essas pessoas tenham chiliques e ataques de histeria. O lema banal que conduz uma vida sem perspectiva de eternidade é: "comamos e bebamos, porque amanhã morreremos" (1 Coríntios 15.32). Certa vez, ouvi um sujeito dizer: "Minha religião é comer bem, beber bem, dormir bem, e fazer bem a digestão" — um típico pensamento pagão.

Jesus, contudo, traçou a linha divisória entre o reino dos céus e o materialismo pagão, mostrando que a fé é a antítese da preocupação. Ao dizer "os pagãos é que correm atrás dessas coisas", Jesus mostra que uma pessoa que se autodeclara cristã, mas vive desesperada e ansiosa, contradiz sua profissão de fé com seu comportamento. Se o cristão vive ansioso como o pagão, é sinal de que ambos estão buscando as mesmas coisas e compartilham as mesmas expectativas. O tipo de coisa que valorizamos e o tipo de preocupação que temos revelam o estado espiritual do nosso coração. Se um autodeclarado cristão vive dominado pela angústia de ser privado de alimento, bebida e vestes — e todos os seus desdobramentos, como a ansiedade política e ideológica —, assim como o pagão, ele nunca conheceu Deus. A ansiedade

A ansiedade é ímpia porque duvida do cuidado de Deus, colocando interrogações onde Deus colocou um ponto-final.

é ímpia porque duvida do cuidado de Deus, colocando interrogações onde Deus colocou um ponto-final.

A ansiedade pecaminosa, portanto, não é motivo de autopiedade, mas de arrependimento. Jesus disse expressamente: "No dia do juízo, os homens haverão de dar conta de toda palavra inútil que tiverem falado" (Mateus 12.36). Por isso, não cabe aos que seguem Cristo viver perguntando malignamente por coisas materiais. A verdadeira pessoa de fé, conforme Jesus ensinou, é aquela que desistiu de controlar as coisas e se entregou aos cuidados de Deus. O alimento do cristão é, assim como Cristo, fazer a vontade do Pai: "A minha comida é fazer a vontade daquele que me enviou" (João 4.34).

O Pai celestial conhece as necessidades humanas

Jesus tranquilizou seus seguidores dizendo: "mas o Pai celestial sabe que vocês precisam delas" (v. 32). A vida é precária, mas é preciosa. Deus, que é comparado a um pai amoroso, não é indiferente às nossas necessidades, ele conhece, se importa e supre cada uma delas conforme sua graça. Nos quatro evangelhos, Jesus se referiu a Deus como "Pai" pelo menos 178 vezes[81] — algumas menções são implícitas, então o número é ainda maior. No evangelho de Mateus há um destaque para a expressão "Pai celeste", indicando a majestade e o poder de Deus. Na oração-modelo de Jesus, Deus é chamado de "Pai nosso", posicionando e definindo os discípulos como membros de uma família espiritual. Assim, chamar Deus de pai, conforme observou o teólogo Karl Barth, é "o ato básico do *ethos* cristão".[82] Jesus já havia dito no Sermão do Monte que não devemos orar mecanicamente, como fazem os pagãos, porque o Pai sabe do que precisamos antes de pedirmos (Mateus 6.8). Ele reforçou esse ponto dizendo: "Se vocês, apesar de serem maus, sabem dar boas coisas aos seus filhos, quanto mais o Pai de vocês, que está nos céus, dará coisas boas aos que lhe pedirem!" (Mateus 7.11). Assim, embora Deus seja invisível para nós, não o somos para ele.

Jesus afirmou que o Pai sabe até mesmo quantos fios de cabelo existem em nossa cabeça (Mateus 10.29,30) — é claro que para os totalmente calvos essa façanha torna-se mais fácil, graças à ausência de cabelos, mas as pessoas com cabelos fartos não sabem exatamente quantos fios possuem. O que Jesus quer dizer com isso é que Deus conhece a cada um de nós melhor do que nós mesmos. O antigo salmo diz: “Como um pai tem compaixão dos seus filhos, assim o Senhor tem compaixão dos que o temem; pois ele sabe do que somos formados; lembra-se de que somos pó” (Salmos 103.13,14). Uma mente fora de Deus está constantemente à mercê da aflição e da ansiedade por bens. Não devemos andar ansiosos, pois, diferentemente de Deus Pai, que conhece nossas necessidades presentes e eternas o mundo não tem nada eterno a oferecer. Essas palavras abrem o caminho para a admoestação positiva do próximo versículo, que é o clímax de todo o capítulo: “Busquem, pois, em primeiro lugar o Reino de Deus e a sua justiça, e todas essas coisas lhes serão acrescentadas” (v. 33).

Buscar o Reino de Deus e sua justiça é a prioridade

O professor Hans Dieter Betz,[83] uma das maiores autoridades acadêmicas sobre o Sermão do Monte, afirma que o comando de Jesus encontrado em Mateus 6.33 não tem nenhum paralelo na literatura judaica da época, embora as expressões “buscar”, “reino de Deus” e “justiça” fossem comuns. Trata-se, portanto, de um comando peculiar do Sermão do Monte, um dos pontos altos da literatura sapiencial de todos os tempos, que mostra a originalidade e densidade do ensinamento de Jesus Cristo.

Ao ordenar “busquem”, Jesus realizou a exortação positiva correspondente à exortação negativa “não se preocupem”. O verbo “buscar” apresenta-se no imperativo afirmativo, sugerindo ao ouvinte a realização de uma *busca incessante*. Jesus propôs uma atitude de “busca”, que não é mera espera passiva, mas um comportamento ativo a ser feito ainda hoje, agora mesmo. Em vez de nos tornarmos reféns das preocupações, devemos mudar o foco e avançar em outra direção. Não se trata, portanto, de uma busca focada em um futuro distante e apocalíptico, mas a adoção de uma postura com fins imediatos. E qual é o alvo dessa busca? O “Reino de Deus e sua justiça”. Neste texto específico, a palavra “reino” não se refere apenas à soberania geral de Deus, na criação e na história,[84] mas ao seu domínio específico na vida de seus filhos e filhas. Jesus fez um apelo incisivo para seus seguidores aceitarem a vontade de Deus como o supremo bem de sua vida. A Bíblia diz explicitamente que "o Reino de Deus *não é comida nem bebida*, mas justiça, paz e alegria no Espírito Santo" (Romanos 14.17, grifo nosso). O reino de Deus, portanto, é caracterizado por valores espirituais eternos, não por coisas passageiras. Esses mesmos valores são abordados por Jesus no Sermão do Monte: renunciar o orgulho, não viver irado, promover a paz e a reconciliação, fazer o bem ao próximo e viver uma relação autêntica com Deus.

A relação entre "reino" e "justiça" parece ser a mesma relação já mencionada na segunda e terceira petições do Pai-Nosso: "Venha o teu Reino; seja feita a tua vontade, assim na terra como no céu" (Mateus 6.10). "Justiça" aparece como uma palavra-chave já no início do evangelho de Mateus (3.15;5.6,10,20;6.1) e denota algo que Deus requer de cada um de seus filhos, um estilo de vida alinhado ao reino de Deus.[85] Trata-se da justiça palpável do amor genuíno ao próximo (Mateus 5.20-48) e a Deus (Mateus 6.1-18). A esse respeito, John Wesley afirmou: "Justiça é o fruto do reinado de Deus no coração. E o que é a justiça, senão amor? [...] Por meio do amor, todos os atos santos se realizam".[86] Nessa mesma linha, Paul Earnhart acrescenta que a justiça de Deus em nós "afetará profundamente cada faceta de nossa vida: casamento, lar, família, profissão, finanças, estilo de vida, *ad infinitum*".[87]

De acordo com Mateus 6.33, a busca do reino de Deus e sua justiça deve vir em primeiro lugar. Nessa passagem, a ideia do reino de Deus como a prioridade *em tudo o que fazemos* é reforçada pelo uso da palavra grega *protos*, que significa "primeiro de uma sequência de muitas opções". Quer você coma, beba ou faça qualquer outra coisa, faça tudo para a glória de Deus (1 Coríntios 10.31). Ser cristão, desse modo, não significa seguir uma lista de regras qualquer, mas adquirir uma nova escala de valores, na qual a glória de Deus é o valor máximo. Afinal de contas, o maior mandamento de Jesus, vale lembrar, é amar a Deus acima de todas as coisas, de todo o coração, toda a alma, todo o entendimento e com todas as forças (Marcos 12.30). Como exortou John Wesley: "Que Deus tenha o único domínio sobre nós. Que reine sem rival. Que possua todo o nosso coração e governe sozinho. Que ele seja o nosso único desejo, a nossa alegria, o nosso amor. Então tudo o que está dentro de nós poderá exclamar: 'Reina o Senhor, o nosso Deus, o Todo-poderoso' (Apocalipse 19.6)".[88]

Vale dizer que buscar o reino de Deus e sua justiça não significa adotar uma fachada religiosa, tal qual a aparência dos fariseus, afinal o próprio Jesus os deixou de fora do reino de Deus: "Ai de vocês, mestres da lei e fariseus, hipócritas! Vocês são como sepulcros caiados: bonitos por fora, mas por dentro estão cheios de ossos e todo tipo de imundície. Assim são vocês: por fora parecem justos ao povo, mas por dentro estão cheios de hipocrisia e maldade" (Mateus 23.28). Søren Kierkegaard relatou a história de Ludvig From, um candidato ao ministério pastoral que sempre teve ótimas prioridades na vida, sendo que, acima de tudo, priorizou tornar-se o pastor do rei de seu país. Assim, *primeiro* ele precisou ser aprovado nas provas do seminário teológico; para então *primeiro* ser aprovado nos exames eclesiásticos; para então *primeiro* se casar; para então *primeiro* negociar o seu salário com o conselho da igreja; e finalmente subir ao púlpito para pregar seu *primeiro* sermão sobre o texto bíblico que diz: "Busquem, pois, em primeiro lugar o Reino de Deus". O bispo, vendo tudo aquilo, elogiou a doutrina perfeita pregada pelo jovem sacerdote, especialmente a forma como ele destacou a palavra "primeiro" ao longo da mensagem, porém fez uma importante observação tendo em vista a prioridade do jovem sacerdote que acabara de pregar: "tudo muito bom, mas é desejável que haja uma correspondência entre o discurso e a vida prática".[89] Mesmo os objetivos mais nobres se tornam estúpidos quando o reino de Deus não é prioridade.

Ao colocarmos Deus verdadeiramente em primeiro lugar na nossa vida, somos *libertos do apego* aos nossos próprios méritos, bens materiais e aplausos humanos. Nesse processo, o coração torna-se livre do domínio de Mamom e de seus tesouros terrenos. Como resultado, a ansiedade que antes nos afligia é destruída e Deus é entronizado em nós.

O Pai celestial supre

Se tudo o que queremos é agradar ao Senhor, temos tudo de que precisamos. Jesus encerrou seu segundo argumento contra a ansiedade com uma promessa: “e todas essas coisas lhes serão acrescentadas”. Deus não apenas *sabe* o que precisamos, ele também *supre* nossas necessidades. No Sermão do Monte, o Mestre dignificou a vida estabelecendo para nós um modelo de existência ainda mais elevado. Ele, portanto, não menosprezou a importância do alimento e do abrigo, antes apresentou aos seus discípulos a necessidade de uma confiança total e absoluta somente nele. A ansiedade e a inquietude não têm espaço na vida com Cristo, pois adotar um estilo de vida baseado na preocupação significa acreditar mais nos problemas do que nas promessas de Deus. Antes de pedirmos o pão nosso, devemos, portanto, buscar o Pai nosso, a sua glória e a sua vontade.

As promessas de Jesus são infalíveis, mas precisamos compreendê-las adequadamente. Quanto a isso, três pontos podem ser destacados: primeiro, a promessa registrada em Mateus 6.33 é destinada aos filhos de Deus, os verdadeiros discípulos e discípulas de Jesus. Não se trata de uma promessa indiscriminada, pois Jesus estabeleceu uma clara distinção entre o súdito do reino de Deus e o pagão — súdito de Mamom.

Em segundo lugar, Jesus prometeu nos dar aquilo de que precisamos, e não tudo o que desejamos — “todas *essas* coisas”, e não “todas *as* coisas”. E quais são as coisas referidas que serão acrescentadas? No contexto imediato, tais coisas se referem à tríade comida, bebida e vestimenta. No contexto global do Sermão do Monte, podem ser incluídos todos os outros itens mencionados, como: mansidão, misericórdia, pureza, perdão, amor. A partir desse contexto, podemos entender que todas as coisas necessárias, seja ao corpo ou ao espírito, serão providenciadas na medida que Deus as considerar adequadas para a manifestação e o progresso do seu reino.

Por último, Jesus alertou que há momentos de provação para todos os que são bem-aventurados. Os súditos do reino de Deus, assim como Jesus, também são insultados, maltratados, humilhados e podem passar por todo tipo de privação por amor ao Senhor, incluindo fome, sede e frio. Na cruz, o próprio Jesus teve sua túnica arrancada e sentiu sede. Mas, como ele afirmou desde o início do Sermão do Monte, são "bem-aventurados os perseguidos por causa da justiça, porque deles é o Reino dos céus" (Mateus 5.10). Paulo, servo fiel de Deus, afirmou: "Trabalhei arduamente; muitas vezes fiquei sem dormir, passei fome e sede, e muitas vezes fiquei em jejum; suportei frio e nudez" (2 Coríntios 11.27), apesar disso, nenhuma tribulação pode nos separar do amor de Deus. Ao longo da história — e em nossos dias — muitos cristãos suportaram momentos de grande pressão a ponto de não possuírem literalmente nenhum recurso além de Deus.

Lições práticas para vencer a ansiedade

Os versos do Sermão do Monte reúnem alguns dos ensinamentos mais ricos de todas as Escrituras e são uma fonte inexaurível de sabedoria para a vida. Não por acaso se afirma que em Cristo "estão escondidos todos os tesouros da sabedoria e do conhecimento" (Colossenses 2.3).

Destacaremos a seguir algumas lições práticas para vencermos as preocupações tóxicas.

1. Enfrente a questão do sentido da sua vida

Jesus mostrou sem floreios que para vencer a ansiedade é necessário enfrentar a questão do sentido da vida. Não adianta fugir. Aqueles que se perguntam aflitos "que vamos comer?", "que vamos beber?", "que vamos vestir?", expressam também o medo de desaparecer. A ansiedade das ansiedades é o medo de deixar de existir, de ser engolido pelo nada.

Essa preocupação natural de todo ser humano foi representada de um modo impressionante pela artista plástica brasileira Néle Azevedo em seu projeto artístico *Monumento mínimo* (2005). O projeto trata-se de uma inusitada intervenção artística em espaços públicos: primeiro, a artista prepara pequenas "esculturas" de gelo representando seres humanos, cada uma com 20 centímetros de altura. A artista, então, coloca dezenas (ou centenas)[90] dessas esculturas lado a lado no espaço público (escadarias, calçadas, praças), e elas começam obviamente a derreter diante de todos os transeuntes. O impacto da intervenção é muito forte. As pessoas simplesmente começam a parar e assistir a várias miniaturas de pessoas feitas de gelo derretendo no meio da rua. À medida em que cada escultura derrete, o corpo humano ali representado assume formas retorcidas — e dramáticas.

A obra de Néle Azevedo inverte a lógica dos monumentos, é na verdade um *antimonumento*: em vez de celebrar um herói ou um sujeito icônico, ela celebra o anônimo, o desconhecido; em vez de ser uma obra em bronze ou chumbo com pretensões de eternidade, a escultura é feita de gelo e logo derrete, mostrando-se fugaz. A beleza de *Monumento mínimo* está em sua capacidade singular de chamar a atenção para a questão da efemeridade da vida por meio de um impacto visual sublime e desconcertante.

"Não pedi para nascer e não quero morrer" — essa é a questão humana pelo sentido da existência. No Sermão do Monte, Jesus mostrou a importância de lidarmos com essa questão. O que buscamos em primeiro lugar? Quais são nossos valores últimos? Devemos refletir sobre essas coisas, e não fugir delas como os pagãos que se contentam com perguntas menores. É difícil para algumas pessoas lidar com os ensinamentos de Cristo, pois eles confrontam para valer. No entanto, é esse confronto que pode esmagar a ansiedade tóxica arraigada no fundo da alma. Afinal, por que estamos aqui? Søren Kierkegaard chamou este sentimento agudo de aflição existencial de "ansiedade"[91] — outros pensadores, influenciados por ele, utilizaram expressões como "náusea" (Jean-Paul Sartre), "absurdo" (Albert Camus), "culpa" (Martin Heidegger) e "mistério" (Gabriel Marcel). Kierkegaard concordou com Jesus afirmando que, em vez de se afastar dessa ansiedade básica, devemos nos voltar para ela e enfrentá-la, porque somente diante da existência em colapso é que surgem as perguntas finais: *Quem sou eu? E agora?* Nesse caso, a ansiedade pode nos sacudir de nossa complacência e nos levar a encarar a vida de verdade.

2. Reconheça o que vem em primeiro lugar na sua vida

A vida parece apresentar infinitos significados, mas Jesus diz que só há dois caminhos possíveis: servir a Deus ou servir a si mesmo. Esses dois sentidos esgotam todas as alternativas disponíveis de vida. O Sermão do Monte é muito claro a respeito disso. Jesus foi completamente prático, didático e direto sobre o que deve ocupar o primeiro lugar em nossa vida: o Reino de Deus e a sua justiça. Sem Deus, restam apenas *o eu e seus ídolos*. Quanto a isso, o livro do profeta Isaías assevera: "Assim diz o Senhor, o rei de Israel, o seu redentor, o Senhor dos Exércitos: Eu sou o primeiro e eu sou o último; além de mim não há Deus" (Isaías 44.6). No entanto, longe de Deus por causa do pecado, o ser humano prefere criar ídolos para si mesmo: "modela um deus e o adora; faz uma imagem e se encurva diante dela" (Isaías 44.15); "Do restante ele faz um deus, seu ídolo; inclina-se diante dele e o adora. Ora a ele e diz: 'Salva-me; tu és meu deus'" (Isaías 44.17). Para João Calvino, é sempre idolatria quando a um ídolo, de qualquer matriz, são oferecidas honras divinas, ele enfatiza que o pensamento humano é uma "perpétua fábrica de ídolos".[92]

O que preocupa você domina você. Quando o *eu* prevalece, fazemos de algo finito a base de nossa vida e nos tornamos extremamente instáveis. Mesmo coisas necessárias, como comida, bebida e roupas, podem se tornar ídolos destruidores se forem colocadas no lugar de primazia no coração humano. Relacionamentos também podem se tornar ídolos. Isso é observado nos casos em que alguém se torna emocionalmente dependente, ciumento, dominador em relação a uma outra pessoa, manifestando um apego ansioso que o faz refém do relacionamento. A dependência emocional pode revelar-se a partir da compulsão em paparicar e agradar o outro na tentativa de prevenir o abandono. Com isso, o foco não está no outro, mas em si próprio.

Outro exemplo está na ampla gama de espiritualidades sincréticas referidas pelos sociólogos Danièle Hervier-Lèger e Françoise Champion como "nebulosa místico-esotérica".[93] É comum que pessoas ansiosas procurem, em religiosidades fluidas, não tanto servir ao próximo, mas apenas melhorar a si mesmo. É um tipo de "espiritualidade" que fixa os olhos no próprio eu enquanto o outro serve apenas como instrumento a seu serviço. Gilles Lipovetsky reconhece nesse fenômeno característico da contemporaneidade uma certa "subjetivização das crenças e das práticas, realização pessoal sem referência comunitária, procura da felicidade na Terra: os comportamentos religiosos centrados nas emoções, o ser interior e a sua transformação alinharam-se nos princípios da ética individualista da autenticidade".[94] Ora, quem procura a si mesmo de maneira egoísta — mesmo fazendo supostamente o "bem" — não ama o próximo de verdade. Essas espiritualidades místico-esotéricas são incapazes de gerar vínculos duradouros e significativos, sendo caracterizadas por envolvimentos precários, modismos religiosos e adesismos de ocasião: "segundo o Instituto Karma Ling, apenas 10% dos praticantes permanecem fidelizados durante mais de cinco anos, e 3% durante mais de dez anos".[95]

No entanto, nem todos os ídolos tentam mascarar o culto do eu. Há diversas manifestações explícitas de *autoendeusamento* nas sociedades contemporâneas, e um exemplo disso é a noção de marca pessoal ou *automercantilização*, a partir da qual as pessoas se apresentam como produtos a serem consumidos, destacando o quanto são "autênticos" e "indispensáveis". Atualmente, é comum tirar incontáveis fotos de si mesmo, assumindo simultaneamente a posição de celebridade e de *paparazzo*. Nas mídias digitais é considerado normal falar de si mesmo a maior parte do tempo. Os chamados nativos digitais sentem-se ainda mais à vontade para exaltar o próprio eu nas diferentes redes sociais. Jovens e adolescentes de todo o mundo frequentemente compartilham conteúdos falando sobre assuntos aleatórios pois, como bem observou a socióloga Eva Illouz e o psicólogo Edgar Cabana, "não importa o que falam, o que estão vendendo é quem são, sua voz, sua *persona*. É disto que trata: a comercialização de sua vida diária".[96]

A busca incessante pelo sucesso material e a ideia de "se dar bem na vida" não são suficientes para dar um sentido profundo e duradouro à existência de alguém. Muitas pessoas em contextos economicamente empobrecidos, depositam todas as suas esperanças na busca pela riqueza.

Muitos se surpreendem ao conquistarem a almejada fortuna, e descobrirem outra frustração: as riquezas materiais não oferecem sentido à vida. Basta conferir que em nações economicamente desenvolvidas, a despeito de suas riquezas, existem altas taxas de suicídio. O filósofo Fernando Savater[97] observou que a satisfação humana tem data de validade. À medida que o nível econômico de uma pessoa aumenta, suas expectativas também se elevam, e ela passa a buscar satisfações cada vez mais refinadas e aprimoradas. Essas pessoas guardam muitas semelhanças com a princesa do antigo conto infantil *A princesa e a ervilha*. Nessa história, uma pequena ervilha, ainda que sob vinte colchões, é capaz de incomodar tão profundamente a ponto de impedir o descanso da princesa. Com isso, entendemos que quando os incômodos diminuem, o menor inconveniente se torna insuportável. Uma cena bastante corriqueira em aeroportos pode servir como exemplo da intolerância sobre a qual estamos falando: o chilique de passageiros inconformados. Há um tempo atrás, cruzar o Atlântico em algumas horas era algo inimaginável, mas como essa dificuldade não é mais uma realidade para nós, meia hora de atraso do voo é suficiente para desencadear uma enxurrada de reclamações, eis a ervilha embaixo do colchão.

É interessante notar que o Sermão do Monte menciona explicitamente o rei Salomão e implicitamente os conteúdos do livro de Jó.[98] Pascal observou que Salomão e Jó conheceram melhor do que ninguém a miséria do homem e melhor falaram dela. Salomão, o mais feliz; Jó, o mais infeliz. Um conhecendo a vaidade dos prazeres por experiência, o outro a realidade dos males.[99] Na sabedoria bíblica, tanto Salomão, que não se negou experimentar os prazeres da Terra (Eclesiastes 2.3-10), quanto Jó, que vivenciou severa calamidade pessoal e familiar (Jó 1.1–2.8), reconheceram que diante de sua natureza, apenas pó, somente Deus é capaz de dar real significado à vida. Após experimentar todos os prazeres possíveis, Salomão admitiu ser pó (Eclesiastes 3.20; 12.7) e entendeu o que realmente vale a pena: "Afaste do coração a ansiedade e acabe com o sofrimento do seu corpo, pois a juventude e o vigor são passageiros. Lembre-se do seu Criador nos dias da sua juventude, antes que venham os dias difíceis e se aproximem os anos em que você dirá: 'Não tenho satisfação neles'" (Eclesiastes 11.10;12.1). Jó, por sua vez, orou a Deus ao final de seus sofrimentos:

> Sei que podes fazer todas as coisas; nenhum dos teus planos pode ser frustrado.
> Tu perguntaste: "Quem é esse que obscurece o meu conselho sem conhecimento?" Certo é que falei de coisas que eu não entendia, coisas tão maravilhosas que eu não poderia saber.
> Tu disseste: "Agora escute, e eu falarei; vou fazer-lhe perguntas, e você me responderá".
> Meus ouvidos já tinham ouvido a teu respeito, mas agora os meus olhos te viram. Por isso menosprezo a mim mesmo e me arrependo no pó e na cinza.
>
> *Jó 42.2-6*

As ilusões do eu são inevitavelmente frustradas contra as rochas da realidade. Nem a realização de alguma obra filantrópica, nem a dedicação egocêntrica de autoaperfeiçoamento pessoal, nem qualquer outra coisa finita ancorada no próprio eu são capazes de mitigar a ansiedade da alma. Blaise Pascal pontua que algumas pessoas tentam encontrar sentido na autoridade, outras nas curiosidades e nas ciências, já outras na volúpia, no entanto, elas jamais encontram significado porque aquilo que é finito não pode satisfazer nossa sede de infinito. Ele afirma ainda que aos seres humanos resta apenas um vazio, o qual procuram inutilmente preencher com tudo aquilo que os cerca, "procurando nas coisas ausentes o socorro que não encontram nas presentes, mas que são todas incapazes de fazê-los porque esse abismo infinito não pode ser preenchido senão por um objeto infinito e imutável, isto é, por Deus".[100] Como bem observou Agostinho, somente Deus pode saciar nossa vida: "fizeste-nos para ti, e inquieto está o nosso coração, enquanto não repousa em ti".[101]

Como podemos tornar o reino de Deus uma prioridade em nossa vida? A resposta de Jesus a essa pergunta é: crescendo pouco a pouco, dia após dia. O reino de Deus foi comparado por Jesus a uma semente que precisa germinar em nosso coração. As ansiedades, contudo, podem agir como espinhos e impedir que a semente cresça e frutifique: "Quanto ao que foi semeado entre os espinhos, este é aquele que ouve a palavra, mas a preocupação desta vida e o engano da riqueza a sufocam, tornando-a infrutífera" (Mateus 13.22). Por isso, precisamos todos os dias resistir às ansiedades malignas e renunciar ao velho eu. Jesus usou uma imagem marcante para se referir a essa caminhada diária: "Se alguém quiser acompanhar-me, negue-se a si mesmo, tome diariamente a sua cruz e siga-me. Pois quem quiser salvar a sua vida, a perderá; mas quem perder a sua vida por minha causa, este a salvará. Pois que adianta ao homem ganhar o mundo inteiro e perder a sua alma?" (Lucas 9.23-25). O velho *eu* deve ser crucificado, morto, renunciado. Há uma frase atribuída a D. L. Moody que diz: "o princípio da grandeza é ser pequeno; o acréscimo da grandeza é ser menor ainda; a perfeição da grandeza é ser nada"[102]. Este raciocínio é baseado justamente no princípio cristão do arrependimento, isto é, no reconhecimento não apenas do próprio pecado, mas da própria miséria espiritual. O arrependimento, obra da graça de Deus em nós, é o reconhecimento de que o velho *eu* precisa morrer e de que Deus é o Senhor de nossa vida. Como não há pecado tão pequeno que não mereça a condenação, assim também não há pecado tão grande que possa trazer condenação sobre os que se arrependem verdadeiramente.[103]

Se amamos Deus, é porque ele nos amou primeiro. Se sentimos um feixe de luz em nosso coração, é porque o próprio Deus brilhou sobre nós. Afinal, de acordo com as Escrituras, isso não vem de nós, mas do próprio Deus. O próprio Jesus é o Autor e Consumador da nossa fé (Hebreus 12.2). A vitória sobre a ansiedade existencial não é representada como um acontecimento banal nas Escrituras, e sim como uma profunda experiência de *regeneração*, pois para ver o reino de Deus é necessário nascer de novo (João 3.1-21). Os valores de uma vida regenerada agora se voltam para o reino de Deus e a sua justiça. Não é um caminho fácil, mas a graça de Deus derramada sobre nós nos torna aptos a segui-lo. O louvor do cristão não parte da boca para fora, mas das estruturas mais profundas do ser, as quais foram regeneradas pelo próprio Deus. Por isso, em louvor a Deus, declaramos: "Hosana!". Como disse Fiódor Dostoiévski, não foi de qualquer modo "que acreditei no Cristo, que confessei sua fé. É de uma vasta fornalha de dúvidas que jorra meu Hosana".[104]

A partir do momento que Deus é o nosso Senhor, buscar o reino e a justiça dele se torna nossa prioridade máxima. Não é Deus quem deve servir aos nossos propósitos, pois "Deus não é um funcionário do sentido".[105] Somos nós que passamos a segui-lo e buscá-lo. Ele próprio nos atrai a si. Ao abrirmos nosso coração para Deus, também o abrimos para o próximo. Este é o âmago da ética cristã: deixar para trás todo egoísmo, amando Deus e o próximo. Na fé cristã, o ser humano é visto como alguém livre para amar, e o paradigma do amor é o próprio Jesus Cristo. O desconcertante amor de Cristo nos leva a amar todas as pessoas indiscriminadamente. Porque fomos amados, somos capazes de amar alguém que ninguém ama, orar pelos inimigos, caminhar a milha extra.

Diante desse cenário, não faz mais sentido ficar perguntando "que vamos comer?", "que vamos beber?", "que vamos vestir?" de modo egoísta e mesquinho. Fazer parte do reino de Deus não significa ficar sentado esperando ser alimentado, pelo contrário, é ir em direção ao sofredor e oferecer o pão. Jesus ensinou explicitamente que seus seguidores devem dar água ao sedento, roupa ao nu, abrigo ao estrangeiro e visitar o encarcerado (Mateus 25.34-40). D. A. Carson afirma que "nós, cristãos, precisamos urgentemente avaliar nossos objetivos e compromissos à luz do que as Escrituras ensinam sobre cuidar dos que têm fome (veja Provérbios 22.9; 25.21,22; Isaías 32.6; 58.6ss; Ezequiel 16.49; 18.7; Mateus 25.42; Lucas 3.11; 12.48; Atos 4.32-37)".[106] Como súditos de Jesus, nosso desejo é ver a realidade do reino triunfando, pois quando isso acontecer, não haverá mais exploração, escravidão, maus-tratos, miséria, pecado, sofrimento. Spurgeon disse que aquele que prioriza o reino de Deus:

> [...] tem fome e sede de justiça. Não está ansioso para que seu partido político possa chegar ao poder, mas tem fome e sede de que a justiça seja feita em seu país. Não anela para que suas opiniões se destaquem e que sua seita ou denominação possa crescer em número e influência, mas deseja realmente que a justiça seja evidente — justiça para si, justiça diante de Deus, justiça diante dos homens![107]

A vitória sobre a ansiedade existencial não é representada como um acontecimento banal nas Escrituras, e sim como uma profunda experiência de *regeneração*.

3. Compreenda sua escala de prioridades e elimine as dispersões

Para vencer a ansiedade, é vital ter prioridades bem definidas a partir da ótica de Jesus:

- A busca do reino de Deus e sua justiça é a prioridade máxima.
- O corpo é mais importante que a roupa.
- A vida é mais importante que o alimento.
- As pessoas são mais importantes do que as aves e as flores.

Ansiedade é desintegração. A pessoa ansiosa é puxada para diferentes direções, ficando sempre aflita, sempre inquieta, enervada e resmungona. Como disse a escritora Mignon McLaughlin "o amor olha para a frente, o ódio olha para trás, a ansiedade tem olhos por toda a cabeça".[108] Os ansiosos vivenciam uma indecisão nos fundamentos da própria vida e se sentem completamente perdidos. Muitas vezes não conseguem explicar especificamente o que está errado com eles, mas se sentem a maior parte do tempo preocupados, ansiosos e sem brilho nos olhos. Esses aspectos também costumam transparecer nas relações de trabalho dessas pessoas. Segundo o relatório da Gallup realizado em 2023, apenas 23% dos funcionários de todo o mundo sentem-se engajados sinceramente no trabalho que realizam[109] — todo o restante dos colaboradores trabalha triste/irritado ou apático/sem engajamento emocional. Fatores como falta de significado, ansiedade, tédio, frustração, estresse, exaustão, ausência de reconhecimento, assédio moral e sexual são sofrimentos comumente relacionados à experiência do trabalho. Gilles Lipovetsky afirma que "a multiplicação das reuniões que não servem para nada e os empregos inúteis desprovidos de qualquer valor positivo fazem aumentar um sentimento profundo de mal-estar, tédio e de vacuidade".[110] O antropólogo David Graeber nomeou o fenômeno crescente de falta de sentido no trabalho como *bullshit jobs*, "trabalhos estúpidos".[111]

A dispersão e a insatisfação também se destacam no consumo desenfreado e na necessidade de tomar decisões pessoais continuamente

— uma característica típica das sociedades modernas. No passado, essas decisões eram predeterminadas a partir da influência de valores tradicionais e costumes. No entanto, as profundas mudanças que ocorreram nessa dinâmica social foram suficientes para tornar as pessoas cada vez mais inseguras diante das exigências da vida. A multiplicação massiva dos bens de consumo e dos objetos pessoais trouxe um grande desequilíbrio para o sujeito contemporâneo. Conforme Lipovetsky postula, "a modernidade fez nascer a era das grandes rupturas políticas, econômicas e artísticas. A era atual, em nome da autenticidade individual, faz rupturas existenciais e espirituais, no campo da vida pessoal".[112] Nesse sentido, quanto mais frustradas as pessoas se tornam, mais elas compram, a fim de alcançar a felicidade. Desse modo, manter as pessoas em um constante estado de frustração mostra-se vital para a manutenção de uma sociedade consumista.

O consumo inquieto de programas de televisão, conteúdos de *internet* e afins é outro efeito desintegrador que pode levar à dispersão. Há pessoas que atualizam freneticamente suas mídias digitais para ver quantas curtidas receberam na última postagem, quantas pessoas desconhecidas reagiram aos seus comentários, quantas reações obtiveram com a última foto compartilhada. E assim a vida ansiosa segue, *post* a *post*. Segundo a pesquisa realizada pela Eletronics Hub em 2023,[113] o Brasil é o segundo país no mundo onde as pessoas passam mais tempo em frente a telas, atrás apenas da África do Sul. Os brasileiros passam em média 9 horas e 32 minutos por dia com os olhos em alguma tela — cerca de 56% do tempo em que estão acordados. A maior parte deste tempo é gasta com televisão, plataformas de *streaming* e sites de entretenimento na *internet*. O filósofo Lars Svendsen afirma que "onde há falta de significado pessoal, todas as espécies de diversão têm de criar um significado substituto, artificial. Outra solução é o culto às celebridades, em que ficamos completamente envolvidos na vida dos outros, porque a nossa própria carece de significado".[114] Svendsen também aponta um aspecto importante em relação à busca por significado, segundo ele, "o homem é viciado em significado. Para viver uma vida significativa, o homem precisa de respostas, isto é, de certa compreensão de questões existenciais básicas".[115] Para Viktor Frankl, "o homem é um ser em constante busca de sentido",[116] e "a busca humana por significado é a motivação primária de sua vida".[117] Já o antropólogo Clifford Geertz, em sua célebre obra *Religion as cultural system in the interpretation of cultures* [A religião como sistema cultural na intepretação de culturas], fez uma importante constatação relacionada a esse tema: o caos é incapaz de satisfazer o ser humano.[118]

Se por um lado é impossível encontrarmos nas coisas terrenas o significado de que precisamos, por outro, buscarmos o reino de Deus não apenas fornece um genuíno significado à vida, como também estabelece um propósito último para tudo o que fazemos: tudo — o trabalho, o lazer, o descanso, a família, as vitórias, as derrotas, os risos, as lágrimas, o que comemos, bebemos e vestimos — é para a glória de Deus. Por tudo isso, Colossenses afirma que antes de trabalharmos para qualquer chefe terreno, trabalhamos para o próprio Deus em favor do reino. Portanto, devemos trabalhar com sinceridade de coração: "Tudo o que fizerem, façam de todo o coração, como para o Senhor, e não para os homens, sabendo que receberão do Senhor a recompensa da herança. É a Cristo, o Senhor, que vocês estão servindo" (Colossenses 3.23). Em Cristo, a vida se despe da sua insignificância e, agora portando as vestes do reino de Deus, torna-se repleta de valor. Portanto, cuidado com as distrações, para que as muitas coisas não atrapalhem a única coisa que importa. Aqueles que desejam vencer a ansiedade precisam buscar primeiro o Reino de Deus e a sua justiça, sem perder o foco na caminhada. Certa vez, Jesus repreendeu Marta justamente por causa do ativismo ansioso que ela demonstrou: "Marta! Marta! Você está preocupada com muitas coisas; todavia apenas uma é necessária" (Lucas 10.41). Em Cristo, nossas ansiedades são purificadas, todo mal sai delas, e passamos a nos preocupar apenas com o reino de Deus, que é justiça, paz e alegria.

EXERCÍCIO REFLEXIVO:
O QUE O PREOCUPA DOMINA VOCÊ

Somente Deus pode saciar o coração do homem. As pessoas, contudo, criam ídolos para si mesmas, tornando-se tristes e ansiosas. Algo tem dominado você? Veja algumas situações e reflita:

- Você depende disso como a principal fonte de realização.
- Você se pega refletindo sobre isso a cada momento livre.
- Você está dominado pelo medo ao pensar em perder isso.
- Você traz à tona em quase todas as conversas.
- Você fica chateado se alguém toca ou se aproxima disso.
- Você planeja sua agenda com base nisso.
- Você gosta mais dessa "coisa" do que qualquer outra companhia.
- Outras pessoas alertam você sobre seu apego a isso.
- Preocupações relacionadas ao que você possui expulsam a alegria de sua vida.

Antes de orarmos "venha a nós o teu Reino" (Mateus 6.10), devemos orar "que meu reino se vá", pois o reino dos céus é dos "pobres de espírito" (Mateus 5.3).

Capítulo 5

Não viva mil dias em um

A sabedoria de viver um dia de cada vez

Portanto, não se preocupem com o amanhã, pois o amanhã se preocupará consigo mesmo. Basta a cada dia o seu próprio mal.

Mateus 6.34

A VIDA é uma constante despedida de dias que não podem voltar. Só vivemos uma vez, portanto, devemos viver com sabedoria. Moisés, em uma das orações mais antigas registradas em Salmos, faz uma importante reflexão sobre a passagem do tempo: "Os anos de nossa vida chegam a setenta, ou a oitenta para os que tem mais vigor; entretanto, são anos difíceis e cheios de sofrimento, pois a vida passa depressa, e nós voamos!" (Salmos 90.10). Depois de refletir sobre isso, Moisés orou a Deus: "Ensina-nos a contar os nossos dias para que o nosso coração alcance sabedoria" (Salmos 90.12). De fato, é preciso sabedoria para viver um dia de cada vez.

Ao concluir a série de ensinamentos sobre a ansiedade, Jesus enfatiza a importância de não se preocupar com o futuro utilizando um argumento sucinto: "Portanto, não se preocupem com o amanhã, pois o amanhã se preocupará consigo mesmo. Basta a cada dia o seu próprio mal" (v. 34). Pela terceira vez na passagem, Jesus utilizou o conectivo "portanto" e repetiu a já conhecida proibição "não se preocupem". A diferença aqui é que Jesus adicionou o termo "amanhã", direcionando o foco para a relação *entre ansiedade e tempo*. Ele já havia se referido ao amanhã quando disse "se Deus veste assim a erva do campo, que hoje existe e *amanhã* é lançada ao fogo", mas dessa vez o tema será abordado de forma direta. Depois de estabelecer a proibição das preocupações com o amanhã, Jesus arrematou o ensino com duas máximas: "pois o amanhã se preocupará consigo mesmo" e "basta a cada dia o seu próprio mal".

As palavras de Jesus são de extremo realismo. A primeira máxima esclarece que, por mais que o ser humano se preocupe com o futuro, ele não pode saber exatamente o que vai acontecer. Provérbios 27.1 também destaca esse ponto: "Não se gabe do dia de amanhã, pois você não sabe o que este ou aquele dia poderá trazer". Às vezes, quando alguém pergunta como estamos, respondemos que está tudo sob controle, mas isso não passa de um clichê, afinal de contas não temos o controle de qualquer coisa que seja. Há ocasiões em que nos preocupamos e sofremos por coisas que não aconteceram, com isso arruinamos momentos perfeitamente agradáveis com preocupações relacionadas a um futuro que nem sequer se materializará. Você pode arruinar um dia bom preocupado com ilusões. Alguns tipos de pecado podem parecer mais problemáticos aos olhos humanos, mas dificilmente há pecado mais inútil do que a ansiedade maligna. Uma pessoa pode ter muitas *fontes* de preocupação, mas tais preocupações não possuem qualquer *finalidade* — elas não são capazes de resolver nada. Portanto, não é necessário se preocupar com o amanhã, porque "o amanhã se preocupará consigo mesmo".

Na segunda máxima, ao afirmar "basta a cada dia o seu próprio mal", Jesus destacou o imediato contraste entre o hoje e o amanhã. Ele chamou a atenção para o chão da vida, o hoje, o agora, estabelecendo um paralelo com a oração do Pai-Nosso: "Dá-nos hoje o pão de cada dia" (Mateus 6.11). Quando focamos demais nos potenciais problemas do amanhã, prejudicamos nossa capacidade de vivenciar o agora. Isso não significa que Jesus quer que sejamos ociosos ou imprudentes, o que ele proíbe são os temores inúteis e atormentadores em relação ao futuro. Além disso,

Jesus falou sobre o "mal de cada dia", em referência à oração "livra-nos do mal" (Mateus 6.13). Precisamos enfrentar os desafios diários com sabedoria, pois, como diz o aforismo contemporâneo de Ida Feldman, "enquanto você estiver vivo, vai ter louça".[119] De fato, em nenhum momento Jesus afirmou que os seus seguidores não passariam por momentos difíceis. Pelo contrário, ele assegurou: "Neste mundo vocês terão aflições; contudo, tenham ânimo! Eu venci o mundo" (João 16.33).

As aflições são certas, e os discípulos devem estar preparados para lidar com elas. Paulo repetiu o ensinamento de Jesus, afirmando que os cristãos devem administrar o tempo com sabedoria "porque os dias são maus" (Efésios 5.16). Vale destacar que além de enfrentar o "mal de cada dia", muitas vezes temos de lidar com o "dia mau", um momento particularmente desafiador. Sobre isso, Paulo exortou: "vistam a armadura de Deus, para que possam resistir no *dia mau* e permanecer inabaláveis" (Efésios 6.13, grifo nosso). O dia mau envolve situações mais agudas que as habituais, como uma enfermidade grave, a perda do emprego ou de um ente querido. Salomão também falou sobre esses dias de grandes desafios: "Por mais que um homem viva, deve desfrutar sua vida toda. Lembre-se, porém, *dos dias de trevas*, pois serão muitos" (Eclesiastes 11.8, grifo nosso). O livro dos Salmos menciona diversos dias difíceis: dia da calamidade (18.18), dia da angústia (20.1), dia da adversidade (27.5), dia da fome (37.19), dia da batalha (140.7). Seja qual for o desafio da vida, devemos recorrer a Deus, pedindo sabedoria e graça para lidar com o mal de cada dia.

A afirmação "Basta a cada dia o seu próprio mal" é o princípio geral estabelecido por Jesus que se adequa ao contexto de cada pessoa. Por exemplo, em Lucas 3, ao final do ensinamento de João Batista, as multidões perguntaram "o que devemos fazer então?" (Lucas 3.10). Naquela ocasião, João ofereceu aplicações práticas específicas para grupos como os cobradores de impostos e os soldados (Lucas 3.11-14). No Sermão do Monte, contudo, Jesus apresentou um princípio geral capaz de servir igualmente a todo e qualquer ouvinte que aplicasse aqueles ensinamentos em sua vida. Além disso, Jesus mostrou que a esperança escatológica

Quando focamos demais nos potenciais problemas do amanhã, prejudicamos nossa capacidade de vivenciar o agora.

e o realismo do mal diário podem coexistir, pois a realidade humana é muito mais complexa do que as abstrações teóricas. A chave está em viver um dia de cada vez.

Ansiedade é tentar viver mil dias em um dia

Nossa vida passa um dia de cada vez. Um marco na transição diária é justamente o período do sono. Além da comida, da bebida e das vestimentas, o sono também é uma necessidade indispensável. Tendo em vista que nossa energia é finita e precisa ser renovada todos os dias, o ato de dormir mostra-se como um importante mecanismo para recuperar as forças físicas e emocionais. Nas Escrituras, o ato de dormir em paz é uma das imagens da fé em Deus apresentadas pelo salmista: "eu me deito e durmo, e torno a acordar, porque é o Senhor que me sustém" (Salmos 3.5). Sendo assim, tentar viver mil dias em um dia não passa de um esforço inútil.

Precisamos aprender a *viver um dia em cada dia*. Direcionar o foco para as demandas diárias é uma forma de reconhecer que Deus é fiel e derrama sua graça sobre nós, suprindo a nossa necessidade diária. Jesus abordou o *pão* de cada dia (Mateus 6.11), a *cruz* de cada dia (Lucas 9.23), o *mal* de cada dia (Mateus 6.34), mas também nos prometeu a sua *presença* a cada dia: "e eis que eu estou convosco *todos os dias*, até a consumação dos séculos" (Mateus 28.20, ACF, grifo nosso). Portanto, não devemos nos preocupar, pois é "graças ao grande amor do Senhor que não somos consumidos, pois as suas misericórdias são inesgotáveis. Renovam-se *cada manhã*; grande é a sua fidelidade" (Lamentações 3.22,23, grifo nosso). É bem verdade que, a cada manhã, a graça de Deus é derramada sobre nós. Com o coração aberto e atento, os cristãos têm meditado nas seguintes palavras do apóstolo Paulo, inspiradas pelo Espírito de Deus:

> Por isso não desanimamos. Embora exteriormente estejamos a desgastar-nos, interiormente estamos sendo renovados *dia após dia*, pois os nossos sofrimentos leves e momentâneos estão produzindo para nós uma glória eterna que pesa mais do que todos eles. Assim, fixamos os

> olhos, não naquilo que se vê, pois o que se vê é transitório, mas o que não se vê é eterno.
>
> *2 Coríntios 4.16-18, grifo nosso.*

Deus nunca pede para carregarmos os fardos do amanhã com a graça de hoje.

Assim, quando Jesus se opõe à preocupação doentia com o futuro, ele não está incentivando a irresponsabilidade e a falta de planejamento. A preocupação com o futuro, muitas vezes, é uma fuga das responsabilidades presentes. Há também os que tentam se refugiar no passado, acreditando cegamente que antigamente tudo era melhor e mais fácil. Por que a nostalgia ansiosa também não contribui? Porque ela nos tira do presente. Os problemas do passado já estão resolvidos e dissolvidos porque o passado não existe mais. No entanto, os problemas do presente estão aí, e somos nós que precisamos enfrentá-los. É mais fácil contemplar a solução que outros ofereceram no passado, do que encarar os problemas reais de hoje.

Pessoas ansiosas podem acumular três blocos de problemas insustentáveis emocionalmente: todos os problemas que tiveram no passado, todos os problemas do presente e todos os supostos problemas do futuro. Jesus, porém, se opõe a essas preocupações exacerbadas que levam ao imobilismo e concentra a atenção no dia de hoje. Diante destes ensinamentos, podemos apontar quatro atitudes práticas a quem deseja abandonar a preocupação doentia com o amanhã:

1. Abandone a atitude catastrófica e fatalista

Jesus desautorizou os cristãos viverem à base do *catastrofismo*, isto é, viver exagerando as coisas negativamente e transformando tudo em uma "catástrofe irremediável". O livro de Números narra um episódio célebre sobre esse tema. Moisés e os israelitas atravessaram o deserto em direção à terra de Canaã, terra prometida por Deus a Abraão. Quando eles chegaram a determinado ponto no deserto de Parã, Deus ordenou que Moisés enviasse doze espias para uma missão de reconhecimento do território. Ao regressarem da missão, o relatório geral foi equilibrado:

"[...] há leite e mel com fartura! [...] Mas o povo que lá vive é poderoso, e as cidades são fortificadas e muito grandes" (Números 13.27,28). Contudo, quando um dos espias, chamado Calebe, propôs avançar sobre a terra, os homens que tinham ido com ele temeram, dizendo: "Não podemos atacar aquele povo; é mais forte do que nós". Veja que esses homens exageraram apenas os aspectos negativos: "A terra para a qual fomos em missão de reconhecimento devora os que nela vivem. Todos os que vimos são de grande estatura. Vimos também os gigantes, os descendentes de Enaque, diante de quem parecíamos gafanhotos, a nós e a eles" (Números 13.32,33). Por causa da postura histriônica e ansiosa dos espias, toda a comunidade passou a sofrer desnecessariamente, chorando em alta voz e praguejando contra Deus: "Quem dera tivéssemos morrido no Egito! Ou neste deserto! Por que o Senhor está nos trazendo para esta terra? Só para nos deixar cair à espada? Nossas mulheres e nossos filhos serão tomados como despojos de guerra. Não seria melhor voltar para o Egito?" (Números 14.2,3). Imagine esta situação: uma comunidade inteira sofrendo por causa das palavras exageradas de alguns homens ansiosos. Infelizmente, esse mesmo pecado é bastante comum na vida de muitas pessoas, que modificam os fatos para manipular os outros.

Posturas exageradas prejudicam o desenvolvimento de soluções adequadas para todo tipo de situação. Um exemplo marcante envolve a crise ambiental, um dos maiores desafios das sociedades modernas. Em 2021, estive em uma palestra da professora Izabella Teixeira, reconhecida mundialmente como uma das maiores autoridades em gestão ambiental. Na ocasião, ela falou sobre o desserviço à verdadeira proteção ambiental promovido por um grupo de pessoas que ela chamou de "terroristas climáticos", pessoas que exageram fatos ecológicos para atrair atenção para si. Não por acaso emergiu no debate público internacional o termo *ecoansiedade* para se referir ao estado de ansiedade, estresse, medo ou preocupação causado por temores em relação ao futuro do planeta.[120] As preocupações exageradas quanto ao futuro são contraproducentes e só atrapalham a verdadeira educação ambiental e mobilização necessária para o desenvolvimento de uma sociedade ecologicamente sustentável (Romanos 8.18-27).[121]

2. Enfrente e resolva seus problemas diários

A preocupação não leva a soluções. Não importa quanto tempo você gaste pensando nos piores cenários, você não estará mais preparado para lidar com eles caso realmente se concretizem. Nossa imaginação é uma ferramenta poderosa e, como a maioria das ferramentas desse tipo, pode ser usada tanto para o bem como para o mal. Se você se acostuma a se preocupar com medos irrealistas acerca do futuro, acaba obtendo efeitos colaterais terríveis, como baixa autoestima, e toda sorte de transtornos emocionais, sem obter qualquer benefício real. Para as pessoas ansiosas, o amanhã sombreia o Sol de hoje. No entanto, para resolvermos nossos problemas de forma definitiva, precisamos avaliar a situação com calma e então separar os problemas reais das preocupações inúteis. Algumas perguntas podem ajudar nisso:

- Qual é a evidência de que o problema é verdadeiro?
- Existe uma maneira mais realista de ver a situação?
- Qual é a probabilidade de que aquilo de que tenho medo realmente aconteça?
- Se a probabilidade for baixa, quais são alguns dos resultados mais prováveis?
- Como me preocupar com isso vai me ajudar e como isso vai me machucar?
- O que eu diria a um amigo que tivesse essa preocupação?

Para resolver problemas e superar desafios de forma efetiva, é necessário planejamento, e não preocupações desnecessárias. Uma vez que você identifica um problema real, o próximo passo é organizar uma estratégia para resolvê-lo. Faça uma lista de todas as possíveis soluções que você puder pensar. Evite buscar a "solução perfeita" que dependa de fatores externos, como pessoas, circunstâncias ou realidades fora do seu controle. Você pode pedir conselhos para pessoas mais experientes. Provérbios diz que de bons conselhos nascem belas amizades e que na multidão de conselhos há sabedoria. Busque conselhos com humildade, consulte bons livros e consuma conteúdos úteis na resolução da demanda.

Faça uma oração, peça a bênção de Deus e siga em frente.

Hoje em dia, por vivermos em uma sociedade informatizada, observa-se uma maior facilidade de acesso ao conhecimento. Livros sobre todo tipo de assunto imaginável estão ao nosso alcance. Pesquise, busque o conhecimento, converse com bons livreiros, mas em momento algum transfira suas responsabilidades para os outros.

Pare de fugir da vida. Com a ajuda de Deus podemos resolver problemas de qualquer magnitude. Diante de cenários como esse, Eclesiastes 11.4 deixa um alerta, "Quem fica observando o vento não plantará, e quem fica olhando para as nuvens não colherá". É necessário, portanto, abandonar o imobilismo da ansiedade e agir. Faça uma oração, peça a bênção de Deus e siga em frente. Ao iniciar a execução do seu plano sob essas orientações, você se perceberá menos ansioso, porque a força e a esperança vindas de Deus não nos deixam desamparados. Essa tem sido a experiência de multidões de cristãos no curso da história.

3. Conviva com as incertezas

Ore a Deus por nitidez na caminhada, mas também ore para ter coragem em meio à neblina. É ilusão pensar que estamos acima da incerteza. A instabilidade não é apenas um desafio da vida, *ela é a essência da vida*. Vivemos sob constante risco, como colapso do mercado, catástrofes naturais, doenças e pandemias, acidentes e outros infortúnios. Nesse cenário, a preocupação apresenta-se como um esforço para prever o que vai acontecer na tentativa de evitar surpresas desagradáveis e controlar o resultado. Tentamos de todo modo reduzir as incertezas. Quanto a isso, Eugenio Bucci observou o seguinte: "somos a civilização que se viciou em estatística. A gente adora as pesquisas eleitorais, a ponto de não ser mais possível organizar o debate público sem elas. Dependemos delas. A gente gosta de projetar as chances de cada time nos campeonatos esportivos".[122] O problema é que a previsibilidade absoluta não funciona. Mesmo as tecnologias mais avançadas não podem prever tudo. Assim, pensar e calcular todas as coisas que podem dar errado não torna a vida mais previsível. Concentrar-se nos piores cenários servirá apenas para impedir você de aproveitar as coisas boas disponíveis no presente.

Devemos aprender a viver em meio às incertezas confiando em Deus.

No final do Sermão do Monte, Jesus apresentou a imagem de duas casas: uma construída na rocha e outra na areia. Então, houve uma tempestade, símbolo recorrente em toda a Bíblia para os poderes incontroláveis da natureza e da história, e somente a casa construída na rocha permaneceu firme. A diferença estava nos alicerces, os quais ninguém pode ver. Cada dia traz seu próprio mal, sua própria tormenta, mas, graças a Deus, o homem prudente teve uma chance de prevalecer. Nessa passagem, observa-se um paralelo com o apelo da sabedoria na abertura do livro de Provérbios: "A sabedoria clama em alta voz nas ruas, ergue a voz nas praças públicas" (Provérbios 1.20), e aquele que a ouvir "viverá em segurança e estará tranquilo, sem temer nenhum mal" (Provérbios 1.33). Por outro lado, os que não derem ouvidos à sabedoria viverão ansiosos e não terão tempo para mudar de postura quando "aquilo que temem se abater sobre eles como uma tempestade" (Provérbios 1.27).

4. Trabalhe com intensidade e sirva a Deus hoje

Jesus nunca incentivou a preguiça ou a falta de compromisso com o trabalho. Ele mesmo era um trabalhador, conhecido e identificado por seu ofício: "Não é este o carpinteiro, filho de Maria e irmão de Tiago, José, Judas e Simão?" (Marcos 6.3). Salomão recomendou: "O que as suas mãos tiverem que fazer, que o façam com toda a sua força, pois na sepultura, para onde você vai, não há atividade nem planejamento, não há conhecimento nem sabedoria" (Eclesiastes 9.10). Hoje é o dia de trabalhar e servir a Deus. Quem vive dizendo que amanhã fará isto ou aquilo para Deus está enganando a si mesmo — se não o faz hoje com o que tem nas mãos, certamente não o fará amanhã. Há pessoas que vivem adiando a própria vida. Não podemos ser assim. Deus não quer apenas acrescentar dias à nossa vida, mas vida aos nossos dias. Como vimos no texto de Mateus 6.33 — que encapsula todo o conteúdo do Sermão do Monte —, os discípulos de Jesus não são quietistas, que simplesmente aguardam sentados a chegada da provisão. Pelo contrário, espera-se dos cristãos uma postura ativa na vida, sintetizada no comando "busquem, pois, em primeiro lugar o Reino de Deus e a sua justiça" (Mateus 6.33). No livro dos Salmos encontramos posturas diárias muito importantes:

- Louvor diário: "Todos os dias te bendirei e louvarei teu nome para todo sempre" (Salmos 145.2).
- Oração diária: "A ti, Senhor, clamo cada dia; a ti ergo as minhas mãos" (Salmos 88.9).
- Meditação diária na Palavra: "Como eu amo a tua lei! Medito nela o dia inteiro" (Salmos 119.97).
- Proclamação diária: "Minha língua proclamará a tua justiça e o teu louvor o dia inteiro" (Salmos 35.28).
- Alegria diária: "Este é o dia em que o Senhor agiu; alegremo-nos e exultemos neste dia" (Salmos 118.24).
- Fidelidade diária: "Então sempre cantarei louvores ao teu nome, cumprindo os meus votos a cada dia" (Salmos 61.8).

Da ansiedade para a esperança

Jesus apresentou uma opção realista para vencermos as preocupações maléficas: viver dia após dia, confiando em Deus. A ansiedade é justamente a crise da fé na providência divina, a consequência de uma fé pequena em um Deus imenso. Pela misericórdia de Deus, contudo, a fé pode crescer em nossa vida pelo ouvir a Palavra de Deus (Romanos 10.17), trazendo consigo um senso agudo da relatividade de todas as coisas, exceto de Deus. O Pai celeste é o único criador e sustentador de todas as coisas, portanto, somente a confiança nele pode nos livrar do desespero total. Sendo assim, a esperança não reside na convicção de que algo dará certo, mas sim na certeza de que algo faz sentido, independentemente do resultado. A esperança se relaciona com a questão do significado e aponta para a eternidade. No final do dia, o que importa é estar com Deus. Jesus Cristo é o Alfa e o Ômega, o Princípio e o Fim, então, não tenha medo do futuro, *porque ele já está lá*. Todos os nossos *amanhãs* precisam passar primeiro por Cristo antes de chegar a nós, pois somente nele existe uma defesa absoluta contra a ansiedade. Em Cristo somos imortais.

O CONSELHO DE BILLY GRAHAM A UMA SENHORA PREOCUPADA COM O FUTURO

Certa vez, uma mulher aposentada pediu ajuda ao evangelista Billy Graham dizendo: "vivo cheia de preocupação acerca do futuro. Parece que cada vez que abro o jornal, os jornalistas estão descrevendo o terrível estado da economia, e imagino se vou ter dinheiro suficiente para viver quando for mais idosa. Sei que não deveria preocupar-me tanto, mas não consigo evitá-lo". Em sua reposta, Graham disse: "Permita-me sugerir duas frases que deveriam estar constantemente em seu coração, à medida que você pensa no futuro. Tais frases são: "Dai graça" e "Confiai em Deus". Primeiramente, aprenda a dar graças a Deus pelo que você tem. Segundo, confie no Senhor. Quando você recebe Cristo, passa a entender que pode confiar seu futuro a Deus — agora e eternamente".[123]

PARTE 2

Encorajamento para vencer a ansiedade

Encorajamento do apóstolo Paulo contra a ansiedade

Não andem ansiosos por coisa alguma, mas em tudo, pela oração e súplicas, e com ação de graças, apresentem seus pedidos a Deus. E a paz de Deus, que excede todo o entendimento, guardará o coração e a mente de vocês em Cristo Jesus.

Filipenses 4.6,7

Encorajamento do apóstolo Pedro contra a ansiedade

Lancem sobre ele toda a sua ansiedade, porque ele tem cuidado de vocês. Estejam alertas e vigiem. O Diabo, o inimigo de vocês, anda ao redor como leão, rugindo e procurando a quem possa devorar. Resistam-lhe, permanecendo firmes na fé, sabendo que os irmãos que vocês têm em todo o mundo estão passando pelos mesmos sofrimentos. O Deus de toda a graça, que os chamou para a sua glória eterna em Cristo Jesus, depois de terem sofrido durante um pouco de tempo, os restaurará, os confirmará, lhes dará forças e os porá sobre firmes alicerces. A ele seja o poder para todo o sempre. Amém.

1 Pedro 5.7-11

Capítulo 6

Da ansiedade à oração

Encorajamento para orar

Não andem ansiosos por coisa alguma, mas em tudo, pela oração e súplicas, e com ação de graças, apresentem seus pedidos a Deus. E a paz de Deus, que excede todo o entendimento, guardará o coração e a mente de vocês em Cristo Jesus

Filipenses 4.6,7

O APÓSTOLO Paulo de Tarso escreveu uma carta de encorajamento aos cristãos da cidade de Filipos — os *filipenses*. Na ocasião em que escreveu, Paulo havia sido preso injustamente por causa de sua atuação como missionário. O objetivo da carta, portanto, foi consolar seus amigos filipenses e instruí-los quanto aos aspectos práticos da vida cristã. Como afirmou João Crisóstomo, Paulo escreveu para "despertá-los do desânimo"[124]. A Carta aos Filipenses é considerada um exemplo magistral do gênero literário conhecido como *consolação*. Os textos de consolação traziam exortações para um comportamento racional e responsável diante da tristeza e do luto, além disso, abordavam assuntos correlatos, como exílio, naufrágio, pobreza e velhice.[125] Em Filipenses, Paulo desenvolve dois temas em especial. Primeiro, ele fala sobre a importância de diferenciar e priorizar as coisas que importam na vida. Essa orientação assemelha-se ao ensino de Jesus no Sermão do Monte, sobre buscar em primeiro lugar o Reino de Deus e a sua justiça. Paulo inicia a carta aos Filipenses com uma oração: "Que o amor de vocês aumente cada vez mais em conhecimento e em toda a percepção, para discernirem o que é melhor" (Filipenses 1.9,10). Sem conhecimento, percepção e discernimento do que é mais importante na vida, é impossível manter a saúde mental e espiritual. O segundo tema destacado por Paulo é a alegria, que deve caracterizar a vida daqueles que seguem Jesus — o termo "alegria" e seus cognatos são mencionados dezesseis vezes em Filipenses[126].

O encorajamento explícito de Paulo contra a ansiedade ocorre no final da Carta aos Filipenses. Habitualmente, a parte conclusiva das epístolas paulinas concentra-se em instruções práticas para o dia a dia da vida cristã. Em Filipenses, essa seção final é dividida em quatro exortações:

1. Amor — Encorajamento contra a desarmonia (Filipenses 4.2,3).
2. Alegria — Encorajamento contra a tristeza (Filipenses 4.4,5).
3. Oração — Encorajamento contra a ansiedade (Filipenses 4.6,7).
4. Paz — Encorajamento contra os maus pensamentos (Filipenses 4.8,9).

A ansiedade dos conflitos interpessoais

A primeira exortação é direcionada a duas mulheres proeminentes na igreja de Filipos — Evódia e Síntique. Entre elas havia uma grande rivalidade, de modo que era necessário que uma aprendesse a conviver com a outra. A causa do desentendimento entre as duas não é mencionada, mas vale destacar que ambas eram mulheres tementes a Deus. Paulo chega a dizer que "seus nomes estão no livro da vida" (Filipenses 4.3). Este alerta é muito importante: mesmo crentes fiéis precisam aprender a se relacionar melhor. Infelizmente, há pessoas que se machucam em relacionamentos e então passam a viver de modo extremamente rancoroso e amargurado, contaminando o ambiente ao redor e prejudicando terceiros. A briga entre Evódia e Síntique desestabilizou toda a comunidade, ao ponto de Paulo implorar pela reconciliação das duas: "O que eu rogo a Evódia e também a Síntique é que vivam em harmonia no Senhor" (Filipenses 4.2). As brigas interpessoais são geradoras de muitas fobias patológicas especialmente em crianças e adolescentes. A psiquiatra Ana Beatriz Barbosa Silva afirma que a natureza da ansiedade social é multifatorial, isto é, sua causa depende de vários fatores, que incluem nosso temperamento e nossas vivências acumuladas desde a mais tenra idade.[127] Silva destaca que a timidez pode vir à tona no início da puberdade e na adolescência, pois:

> [...] nessa fase da vida, o indivíduo passa a se preocupar muito com a imagem que os outros fazem dele. Não é por acaso que, nesse período, tanto meninos como meninas tendem a andar em grupos específicos, nos quais são aceitos por apresentarem determinados comportamentos, pensamentos, visuais e posturas. Esses grupos funcionam como uma "muralha de proteção" para os adolescentes, pois criam uma sensação de segurança coletiva e aliviam as dificuldades que eles apresentam nas interações sociais mais amplas, que deveriam ser exercidas de forma individual.[128]

Em Filipenses, Paulo destaca que um terceiro pode ajudar duas pessoas que estão brigadas: "Sim, peço a você, leal companheiro de jugo, que as ajude; pois lutaram ao meu lado na causa do Evangelho, com Clemente e meus demais cooperadores" (Filipenses 4.3). Mediadores, conciliadores, pessoas experimentadas na vida, podem ser uma grande bênção na restauração de amizades e relacionamentos. O próprio Paulo precisou lidar com pessoas invejosas que desejavam o seu mal: "Aqueles pregam Cristo por ambição egoísta, sem sinceridade, pensando que podem me causar sofrimento enquanto estou preso" (Filipenses 1.17). A resposta de Paulo foi altiva e repleta de maturidade emocional e espiritual: "Mas, que importa? O importante é que de qualquer forma, seja por motivos falsos ou verdadeiros, Cristo está sendo pregado, e por isso me alegro. De fato, continuarei a me alegrar" (Filipenses 1.18). Paulo era alguém calejado e não se ofendia facilmente, pois aprendeu a confiar em Deus.

Encorajamento efusivo para viver com alegria

No segundo encorajamento, Paulo se volta aos filipenses, com uma ordenança exuberante: "Alegrem-se sempre no Senhor. Novamente direi: Alegrem-se! Seja a amabilidade de vocês conhecida por todos. Perto está o Senhor" (Filipenses 4.4,5). Como bem observou C. S. Lewis, alegria é coisa séria no Céu. Paulo apresenta uma dupla ordenança quanto à alegria, mostrando que ela não é um mero sentimento, mas sim uma maneira de viver. Deus é alegre: "Não se entristeçam, porque *a alegria do Senhor* os fortalecerá" (Neemias 8.10, grifo nosso). Paulo ensina que a alegria não é ausência de sofrimento e dores, mas um estilo de vida adotado por toda pessoa que tem um encontro transformador com Jesus. A alegria é "no Senhor". Somente em Jesus podemos ter uma alegria *ultracircunstancial*, isto é, que independe das circunstâncias. O próprio Jesus deixou sua palavra para que ela fosse uma fonte de alegria para os discípulos: "Tenho lhes dito estas palavras para que a minha alegria esteja em vocês e a alegria de vocês seja completa" (João 15.11). A profunda experiência que Paulo teve com Jesus o levou a dizer: "porque para mim o viver é Cristo e o morrer é lucro" (Filipenses 1.21). Certa vez ouvi esta frase em uma mensagem: "Deus não promete um caminho fácil, mas garante uma chegada segura".

Oração para vencer a ansiedade

O terceiro encorajamento de Paulo aborda diretamente a ansiedade: "Não andem ansiosos por coisa alguma, mas em tudo, pela oração e súplicas, e com ação de graças, apresentem seus pedidos a Deus. E a paz de Deus, que excede todo o entendimento, guardará o coração e a mente de vocês em Cristo Jesus" (Filipenses 4.6,7). Perceba que ele repete a mesma exortação de Jesus: "Não se preocupem", "Não andem ansiosos". Nessa passagem, o foco passa a ser a preocupação maléfica, em oposição à preocupação boa e saudável que o jovem líder Timóteo demonstrou no capítulo 2 pelos irmãos e pelas irmãs de fé: "Não tenho ninguém que, como ele, tenha interesse sincero pelo bem-estar de vocês" (Filipenses 2.20). Preocupar-se amorosamente com nossos irmãos é uma

O comando “Não andeis ansiosos” não é um conselho para ser posto em prática duas ou três vezes por dia de forma pontual, trata-se de um modo de viver contínuo.

nobre virtude que deve ser encorajada. No entanto, Paulo lembra que há preocupações malignas que precisam ser extirpadas da nossa vida. O comando "Não andeis ansiosos" não é um conselho para ser posto em prática duas ou três vezes por dia de forma pontual, trata-se de um modo de viver contínuo. Desse modo, não devemos deixar a ansiedade maligna dominar nosso coração, com isso o manteremos inteiro em um mundo despedaçado.

O diferencial do encorajamento de Paulo é a ênfase que ele põe na *oração como estratégia de combate à ansiedade.* Paulo apresenta ações positivas para combater a ansiedade. A melhor forma de eliminar um mau hábito é substitui-lo por hábito virtuoso. No caso da ansiedade, o substituto eficaz é a oração, que é um antídoto contra a aflição.

A oração nos liberta das ilusões do indispensável. Em um mundo que, impulsionado pela midiatização da vida e caracterizado pela aceleração, mostra-se avesso ao silêncio, o simples ato de parar para orar já é uma estratégia poderosa no combate à ansiedade. Quando uma transmissão ao vivo na televisão sofre alguma interrupção de som ou imagem, ainda que mínima, verifica-se o incômodo que os apresentadores sentem. Todo o tempo precisa ser preenchido de barulho literalmente. O momento de oração quebra este fluxo de barulho e só este aspecto já é uma bênção para os tímpanos, a mente e o coração de quem está aflito. A Bíblia registra vários exemplos de pessoas que separaram períodos especiais de oração em momentos de crise. Moisés passou quarenta dias em comunhão com Deus no Sinai. Jesus separou quarenta dias para jejuar e orar no deserto. Nas vésperas de sua prisão e crucificação, Jesus orou intensamente no jardim do Getsêmani.

Paulo destaca que nossos problemas e ansiedades não são insignificantes para Deus. Por isso, devemos orar apresentando nossos pedidos com assertividade. Além de fazer orações mais amplas, é importante orar de forma específica também. Anote seus pedidos e apresente-os a Deus. Jesus constantemente questionava as pessoas: "que queres que eu te faça?" (veja por exemplo Mateus 20.32), como também incentivava seus discípulos a pedirem em oração (Mateus 7.7). Quando suplicamos reconhecemos nossa insuficiência e tiramos o peso que nos aflige. Orar é o ato de derramar a alma diante de Deus e suplicar o favor dele, apresentando todas as nossas angústias. A Bíblia apresenta instruções essenciais sobre a oração, e vale a pena refletirmos se elas fazem parte da nossa vida de devoção:

- Devemos orar com fé — "E tudo o que pedirem em oração, se crerem, vocês receberão" (Mateus 21.22).
- Devemos orar no nome de Jesus — "E eu farei o que vocês pedirem em meu nome, para que o Pai seja glorificado no Filho. O que vocês pedirem em meu nome, eu farei" (João 14.13,14).
- Devemos orar com base em um relacionamento vivo com Jesus — "Se vocês permanecerem em mim, e as minhas palavras permanecerem em vocês, pedirão o que quiserem, e lhes será concedido" (João 15.7).
- Devemos orar com a motivação correta, sem inveja e violência — "Vocês cobiçam coisas, e não as têm; matam e invejam, mas não conseguem obter o que desejam. Vocês vivem a lutar e a fazer guerras. Não têm, porque não pedem. Quando pedem, não recebem, pois pedem por motivos errados, para gastar em seus prazeres" (Tiago 4.2,3).
- Devemos orar segundo a vontade de Deus — "Esta é a confiança que temos ao nos aproximarmos de Deus: se pedirmos alguma coisa de acordo com a vontade de Deus, ele nos ouvirá. E se sabemos que ele nos ouve em tudo o que pedimos, sabemos que temos o que dele pedimos" (1 João 5.14,15).

A pessoa que tem pedidos sinceros ao orar, em breve terá bênçãos, pois Deus responde orações. O salmista afirma que Deus "responderá à oração dos desamparados; as suas súplicas não desprezará" (Salmos 102.17). Em nossas orações, também devemos entoar "ações de graças", pois a gratidão inspira a vida. Há pessoas que estão insatisfeitas com tudo, de modo que pequenos problemas são capazes de destruir o seu humor: o zíper quebrado de uma peça de roupa, um trânsito imprevisto,

Não devemos alimentar pensamentos inadequados, pois os pensamentos afetam nossos desejos e comportamentos.

uma fila inesperada. Contudo, o vício em reclamar não resolve nada e ainda nos enerva. A amargura é um inimigo pior que qualquer oponente humano, porque ela tem o poder de nos destruir por dentro. Portanto, ao invés de praguejar, é preferível adotar uma postura mais inteligente e agradecer a Deus. O objetivo, no entanto, não é fingir que os problemas não existem, e sim aprender a confiar completamente em Deus. Não seja ansioso por nada e ore por tudo.

Há uma promessa para aqueles que oram: "E a paz de Deus, que excede todo o entendimento, guardará o coração e a mente de vocês em Cristo Jesus" (v. 7). O hábito de falar com Deus transforma nosso modo de pensar e falar com as pessoas, porque a oração é transformadora, e o próprio Deus é a fonte da verdadeira paz. Não se trata, portanto, de uma paz que se resume a palavras. Há pessoas que falam "Paz! Paz!", mas são superficiais e falsas (Jeremias 8.11). A paz sobrenatural da qual Paulo fala está além do entendimento humano.

Mentes transbordando paz

O quarto encorajamento de Paulo destaca a importância de conservar pensamentos adequados baseados na paz de Deus: "Finalmente, irmãos, tudo o que for verdadeiro, tudo o que for nobre, tudo o que for correto, tudo o que for puro, tudo o que for amável, tudo o que for de boa fama, se houver algo de excelente ou digno de louvor, pensem nessas coisas. Ponham em prática tudo o que vocês ouviram e viram em mim. E o Deus da paz estará com vocês" (Filipenses 4.8,9). Ansiedade é resultado de pensar na direção errada. Os maus pensamentos são como gotas de ácido que escorrem da mente e contaminam nossas ações. Por isso, não devemos alimentar pensamentos inadequados, pois os pensamentos afetam nossos desejos e comportamentos. Nessa passagem, Paulo primeiro fala sobre a "paz de Deus" (v. 7) e em seguida fala do "Deus da paz" (v. 9). A primeira promessa é geral, enquanto a segunda é intensificada e aplicada a cada um dos filipenses. Ao dizer "vocês", Paulo enfatiza cada pessoa que confia em Deus e se conecta à fonte da paz verdadeira.[129] Portanto, a paz de que precisamos é a paz de Deus. Paulo estava encarcerado, mas a paz do Senhor estava sobre ele. A paz de Deus pode guardar as nossas mentes.

UMA FÉ QUE ATRAVESSA MILÊNIOS

A história da cidade de Filipos é bem conhecida e documentada, dada sua importância no Império Romano.[130] O nome grego original da cidade de Filipos era Krenides, que significa "fonte de muitas águas". Por volta de 360 a.C., a cidade foi estruturada em um local próximo de uma cidade chamada Datos[131] por habitantes da ilha de Tasos que mineravam a região liderados por Kallistratos, um político ateniense exilado. Quatro anos depois, em 356 a.C., o rei Felipe II da Macedônia, pai de Alexandre Magno, tomou a cidade, e fortificou seu entorno, atraindo mais habitantes. Nesse período, ele mudou o nome da cidade de Krenides para Filipos.[132] Durante o período de supremacia macedônia, Filipos cresceu, mas não teve importância especial.[133] Em 168 a.C., o cônsul romano Emílio Paulo derrotou o rei macedônio Perseu, e por volta de 148 a.C. os romanos passaram a ocupar a região da Macedônia.[134] A estrada Via Egnatia, que interligava a costa do Mar Adriático à cidade de Bizâncio, data deste período.[135] Em 42 a.C., Filipos conquistou fama mundial, sendo palco das batalhas nas quais Otaviano e Marco Antônio venceram Brutus e Cassius — os assassinos de Júlio César.[136] Imediatamente após a Batalha dos Filipenses, muitos colonos romanos, sobretudo soldados da vigésima oitava legião, estabeleceram-se na região fundando a *Colonia Victrix Philippensis.*[137] Otaviano tornou-se o imperador César Augusto e ampliou a presença de tropas em Filipos. Em 16 de janeiro de 27 a.C., Augusto mudou a denominação da cidade para *Colonia Augusta Julia Philippensis.*[138] O poder romano foi consolidado em toda a região quando o imperador Cláudio conquistou a Trácia em 44 d.C. Os historiadores modernos calculam a população filipense em torno de trinta mil pessoas no primeiro século cristão. Embora Filipos não esteja listada entre as vinte maiores colônias do império romano, sua rica história política e localização privilegiada fizeram dos filipenses um povo orgulhoso de sua cidadania romana. A rigorosa pesquisa realizada por Joseph H. Hellerman demonstra que a preocupação com a honra e o status social marcaram profundamente a orientação social da colônia filipense.[139] Estudos epigráficos indicam que as elites de Filipos eram afeitas à autopromoção de suas próprias realizações políticas: há dezenas de inscrições com dedicações honoríficas e exaltação da carreira política (*cursus honorum*) dos filipenses nobres. Os líderes políticos filipenses disputavam entre si quem se destacava na promoção do bem comum. Há registros epigráficos de um benfeitor filipense elogiado por seu amor pelos outros cidadãos (*amor eius in cives*), sua gentileza (*benevolentia*) e generosidade (*liberalitas*).[140] Foi nesse contexto que o apóstolo Paulo visitou Filipos em 49 ou 50 d.C., conforme Atos 16.11,12: "Partindo de Trôade, navegamos diretamente para Samotrácia e, no dia seguinte, para Neápolis. Dali partimos para Filipos, na Macedônia, que é colônia romana e a principal cidade daquele distrito. Ali ficamos vários dias". Em Filipos, o apóstolo Paulo e sua equipe missionária foram capturados e torturados. Contudo, por causa de sua cidadania romana, Paulo não poderia sofrer prisão arbitrária e açoites. Quando os magistrados filipenses responsáveis pelos maus-tratos ficaram sabendo da cidadania imperial de Paulo, ficaram desesperados: "ouvindo que Paulo e Silas eram romanos, ficaram atemorizados. Vieram para se desculpar diante deles e, conduzindo-os para fora da prisão, pediram-lhes que saíssem da cidade" (Atos 16.38,39). A igreja plantada pelo apóstolo Paulo naquela área prosperou e existe até os dias de hoje. As ruínas de Filipos estão preservadas em um sítio arqueológico ao lado da atual cidade de Kavala, na Grécia. A fé cristã permanece viva em múltiplas comunidades da região.

Em meados da década de 2050, as igrejas da região da Antiga Filipos celebrarão dois mil anos de vida.

Capítulo 7

Lance sua ansiedade em Deus

Encorajamento para perseverar

Lancem sobre ele toda a sua ansiedade, porque ele tem cuidado de vocês. Estejam alertas e vigiem. O Diabo, o inimigo de vocês, anda ao redor como leão, rugindo e procurando a quem possa devorar. Resistam-lhe, permanecendo firmes na fé, sabendo que os irmãos que vocês têm em todo o mundo estão passando pelos mesmos sofrimentos. O Deus de toda a graça, que os chamou para a sua glória eterna em Cristo Jesus, depois de terem sofrido durante um pouco de tempo, os restaurará, os confirmará, lhes dará forças e os porá sobre firmes alicerces. A ele seja o poder para todo o sempre. Amém.

1 Pedro 5.7-11

UM dos filmes mais bonitos sobre a perseverança contra a ansiedade é o clássico *Quo Vadis* (1951). A película mostra a incompreensão do imperador Nero ao ver os cristãos enfrentarem o martírio com serenidade e dignidade — muitas vezes cantando hinos de louvor a Deus. Como era possível que alguém fosse executado por sua fé de modo tão destemido? Em determinada cena, Nero desce ao centro do Coliseu para ver os cristãos mortos por leões. Ele simplesmente não consegue compreender o semblante leve daqueles cristãos diante da morte. O apóstolo Pedro aparece já idoso, consolando e orando por seus irmãos e irmãs de fé, na iminência de seu próprio martírio. *Quo Vadis* é obviamente uma simplificação, pois tanto a alegria dos cristãos como a brutalidade da perseguição que sofreram foram muito maiores do que o que foi apresentado no filme. Sendo assim, o contraste entre a força da fé e a covardia extrema da perseguição retratados são apenas um vislumbre do que realmente ocorreu nos primeiros séculos da era cristã. Vale destacar que o martírio cristão foi maior no século 20 do que em qualquer outra época, e ainda acontece em nossos dias. Em 2016, por exemplo, o Estado Islâmico transmitiu o assassinato de cristãos coptas em um vídeo que chocou o mundo. Vestidos com roupas laranjas, os cristãos foram conduzidos à beira de uma praia por seus carrascos vestidos de preto. Depois de serem enfileirados, os cristãos foram colocados de joelhos e degolados à sangue frio, cada um por seu executor. O testemunho dos mártires de ontem e de hoje são confrontadores. Eles nos confrontam porque levam a questão das ansiedades fúteis ao extremo: o enfrentamento final da própria morte. Foi a partir dessa perspectiva que o apóstolo Pedro, uma das pessoas mais próximas de Jesus, abordou o tema da ansiedade.

A Primeira Carta de Pedro e o encorajamento à perseverança

Pedro foi um dos que se sentaram aos pés do Mestre para ouvir em primeira mão o Sermão do Monte. Há inúmeros ecos e paralelos dos discursos de Jesus na carta de Pedro. Diferentemente da Carta de Paulo aos Filipenses, a Primeira Carta de Pedro não foi direcionada a uma comunidade cristã específica, mas a todos os cristãos espalhados pelo mundo como peregrinos. O grande tema desta epístola é encorajar os leitores a viverem a "esperança viva" que existe em Jesus (1 Pedro 1.9).

O encorajamento de Pedro contra a ansiedade ocorre no final da carta, em uma seção que pode ser subdividida em quatro atitudes:

1. Encorajamento à humildade (vs. 5,6).
2. Encorajamento à renúncia da ansiedade (v. 7)

3. Encorajamento à vigilância espiritual (vs. 8,9)
4. Encorajamento à perseverança (vs. 10,11).

Humildade é chave para vencer a ansiedade

Na Primeira Carta de Pedro, o encorajamento contra a ansiedade é precedido pela instrução sobre a *humildade*: "Sejam todos humildes uns para com os outros, porque 'Deus se opõe aos orgulhosos, mas concede graça aos humildes'. Portanto, humilhem-se debaixo da poderosa mão de Deus, para que ele os exalte no tempo devido" (1 Pedro 5.5,6). Infelizmente, algumas pessoas são tão orgulhosas que se fecham para o próprio desenvolvimento pessoal. Como disse Stanislaw Jerzy Lec, "o momento de reconhecer sua própria falta de talento é um lampejo de genialidade". O Evangelho, de fato, subverte a lógica do orgulho completamente. No Evangelho, o rico em fé é aquele que é considerado pobre aos olhos do mundo: "Não escolheu Deus os que são pobres aos olhos do mundo para serem ricos em fé e herdarem o reino que ele prometeu aos que o amam?" (Tiago 2.5). A pessoa verdadeiramente sábia é aquela que é considerada louca pelo mundo: "Se algum de vocês pensa que é sábio segundo os padrões desta era, deve tornar-se louco para que se torne sábio" (1 Coríntios 3.18). Jesus confrontou os líderes religiosos hipócritas que buscavam ocupar os assentos mais notórios, ensinando que aquilo que conta é *quem* você é, e não *onde* você se senta. Para sermos exaltados, devemos "subir para baixo", ou seja, devemos nos prostrar diante de Deus e reconhecer nossas limitações. O Evangelho é marcado pela humildade subversiva:

- "Todo o que se exalta será humilhado, e o que se humilha será exaltado" (Lucas 14.7-11).
- "Pois, quando sou fraco é que sou forte" (2 Coríntios 12.10).
- "Pois aquele que entre vocês for o menor, este será o maior" (Lucas 9.48).
- "Há maior felicidade em dar do que em receber" (Atos 20.35).
- "Os últimos serão os primeiros" (Mateus 20.16).

- "Pois quem quiser salvar a sua vida a perderá; mas quem perder a sua vida por minha causa, este a salvará" (Lucas 9.24).

Lance sua ansiedade em Deus

Depois de ensinar a importância da humildade, Pedro trouxe seu principal encorajamento contra a ansiedade: "Lancem sobre ele toda a sua ansiedade, porque ele tem cuidado de vocês" (v. 7). Se realmente confiamos em Deus, não faz o menor sentido carregarmos preocupações tóxicas em nosso coração. Conta-se uma história que ilustra essa questão: em uma cidade do interior, um homem caminhava em direção ao vilarejo central carregando uma mochila muito pesada. De repente, outro homem passou na estradinha em uma carroça e ofereceu carona ao caminhante. Ocorre que mesmo depois de subir na carroça, o caminhante não tirou a mochila pesada das costas. O guia da carroça disse: "Meu colega, pode tirar a mochila". Mas o caminhante respondeu: "Não, não se preocupe, eu não quero incomodar você". Ao que o guia retrucou: "Você não percebe que não vai fazer diferença nenhuma para mim? Eu já estou carregando você e sua mochila do mesmo jeito. Você está carregando este peso à toa". Quantas vezes agimos como o caminhante da história. Se Deus está conduzindo nossa vida, não faz nenhum sentido carregarmos os pesos que ele já está carregando. Por isso, é tão importante ouvir o encorajamento de Pedro: *lancem sobre ele toda a sua ansiedade*!

Podemos identificar três aspectos desta renúncia da ansiedade:

1. Lance sua ansiedade completamente

O comando de Pedro ensina nitidamente a lançar "toda" ansiedade em Deus. Ou seja, não devemos lançar apenas parte da ansiedade, seja ela grande ou pequena. Também não devemos lançar a ansiedade aos poucos, a prestações, um pouquinho de cada vez. Para que guardar preocupações inúteis conosco? Há pessoas sofrendo desnecessariamente, por pura desobediência à Palavra de Deus. Certa vez, uma pessoa me procurou pedindo ajuda, dizendo que sua vida estava tão difícil, que ela preferia os pesadelos que sofria à noite do que acordar e encarar a vida real.

Se Deus está conduzindo nossa vida, não faz nenhum sentido carregarmos os pesos que ele já está carregando.

2. *Lance sua ansiedade definitivamente*

Além de lançar todas as nossas preocupações malignas sobre o Senhor, devemos lançá-las de modo definitivo. A palavra "lance" significa "abandone completamente". Não se trata de deixar as ansiedades guardadas em Deus para depois voltar e resgatá-las. Lançar é jogar fora. O objetivo é esquecer para sempre as preocupações malignas, para que estejamos firmes e disponíveis para as verdadeiras responsabilidades da vida. Quantas pessoas simplesmente não avançam em área nenhuma e não se desenvolvem à imagem de Jesus porque estão sempre remoendo preocupações velhas e sem sentido. Pedro nos encoraja a perder para sempre as ansiedades. Quando minha filha Maria me pergunta onde está algo e eu não sei, eu sempre digo: "filha, você já perguntou para a mamãe?". Se ela me diz "sim! E ela também não sabe onde está", eu sempre respondo: "Filha, se sua mãe não sabe onde está, então é porque perdeu para sempre". Precisamos lançar nossas ansiedades em Deus e perdê-las para sempre.

3. *Lance sua ansiedade confiantemente*

Ao lançarmos definitivamente todas as nossas ansiedades em Deus, devemos fazê-lo com absoluta confiança. Pedro afirmou: "porque ele tem cuidado de vocês". Devemos sempre nos lembrar do questionamento de Jesus aos "homens de pequena fé". Lançar as ansiedades sobre Deus é um ato de fé, significa abandonar totalmente diante de Deus nossa vida, nossos sonhos, nossas expectativas, nossos temores, nossos medos e nossas incompreensões. O salmista exaltou a fidelidade de Deus para com ele no dia da ansiedade: "Não fosse a ajuda do Senhor, eu já estaria habitando no silêncio. Quando eu disse: Os meus pés escorregaram, o teu amor leal, Senhor, me amparou. Quando a ansiedade já me dominava no íntimo, o teu consolo trouxe alívio à minha alma" (Salmos 94.17-19).

A importância da vigilância espiritual

Conforme a lição de Pedro, quando lançamos nossas preocupações sobre Deus, não podemos perder de vista a batalha espiritual que enfrentamos: "Estejam alertas e vigiem. O Diabo, o inimigo de vocês, anda ao redor como leão, rugindo e procurando a quem possa devorar. Resistam-lhe, permanecendo firmes na fé, sabendo que os irmãos que vocês têm em todo o mundo estão passando pelos mesmos sofrimentos" (vs. 8,9). Pedro coloca a igreja em alerta. Ele próprio foi alertado por Jesus no jardim do Getsêmani, quando Jesus disse: "Vigiem e orem [...]. O espírito está pronto, mas a carne é fraca" (Mateus 26.41). Naquela ocasião, Pedro falhou e acabou negando Jesus por três vezes. Muitas vezes pensamos estar prontos para as batalhas espirituais, quando, na verdade, estamos baseados em nossa força. Pedro compreendeu da maneira mais difícil a importância de estar alerta e vigilante na sua vida espiritual. Apesar disso, ele foi restaurado por Jesus e se tornou um homem mais sábio, prudente, vigilante, pronto para resistir ao Inimigo na força de Deus, e não em sua própria força e impulsividade. Existe um detalhe muito significativo neste encorajamento feito por Pedro: o Diabo quer destruir a nossa fé, por isso precisamos resistir-lhe "permanecendo firmes na fé". Afinal, ao destruir nossa fé, ele nos destrói por completo. O texto não sugere que ele quer destruir nosso dinheiro, nosso sucesso, mas sim a nossa *fé*. Desse modo, é essencial assumirmos uma atitude de contínua vigilância espiritual. Pedro encerra sua exortação com uma oração clamando pela graça de Deus: "O Deus de toda a graça, que os chamou para a sua glória eterna em Cristo Jesus, depois de terem sofrido durante um pouco de tempo, os restaurará, os confirmará, lhes dará forças e os porá sobre firmes alicerces. A ele seja o poder para todo o sempre. Amém" (1 Pedro 5.10,11).

Muitas vezes pensamos estar prontos para as batalhas espirituais, quando, na verdade, estamos baseados em nossa força.

POR QUE SOFREMOS?

A Bíblia apresenta valiosas lições sobre o sofrimento e nos ensina que ele nunca é em vão. Podemos citar alguns motivos pelos quais Deus permite que os homens sofram:

- Para testar a força da sua fé (Provérbios 17.3; 1 Pedro 1.6,7).
- Para revelar o que eles realmente amam (Gênesis 21).
- Para ensinar a obediência (Salmos 119.67,71).
- Para torná-los humildes (2 Coríntios 12.7).
- Para ensiná-los o valor da bênção de Deus (Salmos 63.3,4).
- Para prepará-los a fim de que possam ajudar outros em seus sofrimentos (Hebreus 2.18).
- Para desarmá-los das vantagens mundanas (Hebreus 11.24-26).
- Para chamá-los para uma esperança eterna (Romanos 5.3-5).

Conclusão

NÃO sabemos quais serão as novas ansiedades e os novos desafios que ainda enfrentaremos.

É inútil sobrecarregar nossa mente e esgotar nosso coração com preocupações acerca daquilo que achamos que pode ou não acontecer. Como diz o célebre verso de Noel Rosa, em *Feitio de oração*, "quem acha vive se perdendo". É evidente que há desafios e perspectivas coletivas relacionadas ao futuro humano comum. Neste início de século 21, por exemplo, a ecoansiedade destaca-se como uma das principais tensões das sociedades humanas. Nesse cenário, destaca-se também a emergência de temas relacionados à *tecnoansiedade* e à ansiedade robótica como parte do "novo normal" — os seres humanos precisarão se acostumar com máquinas e inteligências artificiais cada vez mais potentes[141]. Há ainda quem aponte a ansiedade espacial — o pânico do espaço — como uma nova forma de agorafobia que será inevitável nos próximos séculos, com o desenvolvimento de viagens espaciais comerciais e interplanetárias[142]. Quais serão as ansiedades do futuro? Ninguém sabe ao certo. Os textos centrais do Novo Testamento sobre a ansiedade, por outro lado, nos colocam diante de outra questão: qual é o futuro das ansiedades na nossa própria vida?

Jesus ensinou que a vida é muito curta para ser vivida com base na ansiedade. Podemos sintetizar o ensinamento neotestamentário sobre a ansiedade pontuando: (1) a *distinção* entre as preocupações santas e as preocupações pecaminosas; (2) a *proibição* das preocupações pecaminosas; (3) as *razões* para as enfrentarmos; (4) as *orientações* sobre como fazê-lo; e (5) as *promessas* para quem confia no Senhor.

1. Distinção: há preocupações santas e preocupações pecaminosas

- No Novo Testamento a palavra grega para preocupação é *merimnate*, um termo moralmente neutro, isto é, que pode se referir a atitudes boas ou más.
- Há preocupações que são boas e saudáveis como o cuidado mútuo entre os cônjuges (1 Coríntios 7.34), o cuidado mútuo entre os membros do corpo de Cristo (1 Coríntios 12.25), o zelo amoroso e senso de responsabilidade do pastor em relação às ovelhas (2 Coríntios 11.28), o cuidado sincero e o interesse pelo bem-estar das pessoas (Filipenses 2.20).
- Há preocupações que são pecaminosas, algumas delas são: as ansiedades da vida que sufocam as sementes da Palavra de Deus (Mateus 13.22; Marcos 4.19; Lucas 8.14), as preocupações que nos tiram da presença de Jesus (Lucas 10.41), as ansiedades que tiram o discernimento e a vigilância espiritual (Lucas 21.34).
- A ansiedade pecaminosa parte de um coração dividido e desleal a Deus: "Ninguém pode servir a dois senhores; pois odiará um e amará o outro, ou se dedicará a um e desprezará o outro" (Mateus 6.24).

2. Proibição: as preocupações pecaminosas foram proibidas pelo Senhor Jesus

Foi o próprio Jesus quem proibiu as preocupações pecaminosas:

- "Portanto, eu lhes digo: Não se preocupem com sua própria vida, quanto ao que comer ou beber; nem com seu próprio corpo, quanto ao que vestir" (Mateus 6.25).
- "Portanto, não se preocupem, dizendo: 'Que vamos comer?' ou 'Que vamos beber?' ou 'Que vamos vestir?'" (Mateus 6.31).
- "Portanto, não se preocupem com o amanhã" (Mateus 6.34).
- "Mas quando os prenderem, não se preocupem quanto ao que dizer, ou como dizê-lo. Naquela hora lhes será dado o que dizer" (Mateus 10.19).

- "Portanto eu lhes digo: Não se preocupem com sua própria vida, quanto ao que comer; nem com seu próprio corpo, quanto ao que vestir" (Lucas 12.22).
- "Não busquem ansiosamente o que comer ou beber; não se preocupem com isso" (Lucas 12.29).
- O apóstolo Paulo transmitiu o mesmo ensinamento do Senhor Jesus: "Não andeis ansiosos por coisa alguma" (Filipenses 4.6).

3. Razões: há múltiplas razões para enfrentar as preocupações pecaminosas

Jesus, em sua misericórdia, apresentou aos seus discípulos várias razões para enfrentar a ansiedade:

- *Lógica* — "Ninguém pode servir a dois senhores; pois odiará um e amará o outro, ou se dedicará a um e desprezará o outro. Vocês não podem servir a Deus e ao Dinheiro" (Mateus 6.24).
- *Cristológica* — "Portanto, *eu* lhes digo" (Mateus 6.25, grifo nosso); "Contudo, *eu* lhes digo" (Mateus 6.29, grifo nosso).
- *Axiológica* — "Não é a vida mais importante do que a comida, e o corpo mais importante do que a roupa?" (Mateus 6.25).
- *Teológica* — "Observem as aves do céu: não semeiam, nem colhem nem armazenam em celeiros: contudo, o Pai celestial as alimenta. Não têm vocês muito mais valor do que elas?" (Mateus 6.26); "Se Deus veste assim a erva do campo, que hoje existe e amanhã é lançada ao fogo, não vestirá muito mais a vocês, homens de pequena fé?" (Mateus 6.30); "mas o Pai celestial sabe que vocês precisam delas" (Mateus 6.32).
- *Antropológica* — "Quem de vocês, por mais que se preocupe, pode acrescentar uma hora que seja à sua vida?" (Mateus 6.27); "Visto que vocês não podem fazer uma coisa tão pequena, por que se preocupar com o restante?" (Lucas 12.26).
- *Existencial* — "Não têm vocês muito mais valor do que elas?" (Mateus 6.26); "não vestirá muito mais a vocês?" (Mateus 6.30).
- *Espiritual* — "homens de pequena fé" (Mateus 6.30).

- *Estética* — "Por que vocês se preocupam com roupas? Vejam como crescem os lírios do campo. Eles não trabalham nem tecem. Contudo, eu lhes digo que nem Salomão, em todo o seu esplendor, vestiu-se como um deles" (Mateus 6.28,29).
- *Ética* — "Pois os pagãos é que correm atrás dessas coisas" (Mateus 6.32).
- *Teleológica* — "Busquem, pois, em primeiro lugar o Reino de Deus e a sua justiça" (Mateus 6.33).
- *Pragmática* — "Pois o amanhã trará suas próprias preocupações. Basta a cada dia o seu próprio mal" (Mateus 6.34).

4. Orientações: como vencer as preocupações pecaminosas

Nova esperança

- *Reconheça suas limitações* — "Quem de vocês, por mais que se preocupe, pode acrescentar uma hora que seja à sua vida?" (Mateus 6.27); "Visto que vocês não podem fazer uma coisa tão pequena, por que se preocupar com o restante?" (Lucas 12.26).
- *Reconheça que você não controla o futuro* — "Não se gabe do dia de amanhã, pois você não sabe o que este ou aquele dia poderá trazer" (Provérbios 27.1).
- *Reconheça a efemeridade da vida* — "O homem é como um sopro; seus dias são como uma sombra passageira" (Salmos 144.4).
- *Enfrente a questão do sentido da vida* — "Que é a sua vida? Vocês são como a neblina que aparece por um pouco de tempo e depois se dissipa" (Tiago 4.14).
- *Reconheça sua pobreza espiritual* — "Bem-aventurados os pobres em espírito, pois deles é o Reino dos céus" (Mateus 5.3).
- *Reflita no convite de Jesus* — "Venham a mim, todos os que estão cansados e sobrecarregados, e eu lhes darei descanso. Tomem sobre vocês o meu jugo e aprendam de mim, pois sou manso e humilde de coração, e vocês encontrarão descanso para as suas almas" (Mateus 11.28-30).

- *Arrependa-se e creia no Evangelho* — "O Reino de Deus está próximo. Arrependam-se e creiam nas boas novas" (Marcos 1.15).
- *Renuncie tudo, negue a si mesmo e siga Jesus* — "Se alguém quiser acompanhar-me, negue-se a si mesmo, tome diariamente a sua cruz e siga-me" (Lucas 9.23).

Novas prioridades

- *Priorize Deus na sua vida* — "Ame o Senhor, o seu Deus de todo o seu coração, de toda a sua alma e de todo o seu entendimento. Este é o primeiro e maior mandamento. E o segundo é semelhante a ele: 'Ame o seu próximo como a si mesmo'" (Mateus 22.37-39).
- *Priorize a busca do reino de Deus e da sua justiça* — "Busquem, pois, em primeiro lugar o Reino de Deus e a sua justiça" (Mateus 6.33).
- *Lance sobre Deus a sua ansiedade* — "Lancem sobre ele toda a sua ansiedade, porque ele tem cuidado de vocês" (1 Pedro 5.7).
- *Viva cada estação da vida com intensidade e para a glória de Deus* — "Afaste do coração a ansiedade e acabe com o sofrimento do seu corpo, pois a juventude e o vigor são passageiros" (Eclesiastes 11.10); "Lembre-se do seu Criador nos dias da sua juventude, antes que venham os dias difíceis e se aproximem os anos em que você dirá: 'Não tenho satisfação neles'" (Eclesiastes 12.1,2).
- *Não sobrecarregue sua agenda diária* — "Não se preocupem com o amanhã, pois o amanhã trará suas próprias preocupações. Basta a cada dia o seu próprio mal" (Mateus 6.34).
- *Organize seu tempo com sabedoria* — "Tenham cuidado como vocês vivem; que não seja como insensatos, mas como sábios, aproveitando ao máximo cada oportunidade, porque os dias são maus" (Efésios 5.15,16).
- *Organize seu tempo de trabalho e trabalhe com excelência* — "Esforcem-se para ter uma vida tranquila, cuidar dos seus próprios negócios e trabalhar com as próprias mãos, como nós os instruímos;

a fim de que andem decentemente aos que são de fora e não dependam de ninguém" (1 Tessalonicenses 4.11,12); "Quanto aos nossos, que aprendam a dedicar-se à prática de boas obras, a fim de que supram as necessidades diárias e não sejam improdutivos" (Tito 3.14).

- *Organize seu tempo de descanso* — "Jesus lhes disse: 'Venham comigo para um lugar deserto e descansem um pouco'" (Marcos 6.31).
- *Durma* — "Jesus estava na popa, dormindo com a cabeça sobre um travesseiro" (Marcos 4.38); "Em paz me deito e logo adormeço, pois só tu, Senhor, me fazes viver em segurança" (Salmos 4.8).
- *Viva um dia de cada vez* — "basta a cada dia o seu próprio mal" (Mateus 6.34).
- *Seja humilde diante de Deus, aprenda a confiar e esperar as respostas dele* — "Portanto, humilhem-se debaixo da poderosa mão de Deus, para que ele os exalte no tempo devido" (1 Pedro 5.6).

Novas posturas

- *Valorize a espontaneidade, abra espaços para pensar sem automatismos* — "Observem as aves do céu: não semeiam nem colhem nem armazenam em celeiros" (Mateus 6.26); "Quando contemplo os teus céus, obra dos teus dedos, a lua e as estelas que ali firmaste, pergunto: Que é o homem, para que com ele te importes? E o filho do homem, para que com ele te preocupes?" (Salmos 8.3,4).
- *Valorize as coisas simples, não se perca na megalomania* — "Vejam como crescem os lírios do campo. [...] nem Salomão, em todo o seu esplendor vestiu-se como um deles" (Mateus 6.28,29).
- *Não seja escravo do materialismo e do consumismo, abandone Mamom* — "Não acumulem para vocês tesouros na terra, onde a traça e a ferrugem destroem, e onde os ladrões arrombam e furtam" (Mateus 6.19); "Vocês não podem servir a Deus e ao Dinheiro [Mamom]" (Mateus 6.24).
- *Abandone a atitude catastrófica e fatalista* — "mas o Pai celestial sabe que vocês precisam delas" (Mateus 6.32); "aprendi a adaptar-me a toda e qualquer circunstância. Sei o que é passar necessidade

e o que é ter fartura. Aprendi o segredo de viver contente em toda e qualquer situação, seja bem alimentado, seja com fome, tendo muito, ou passando necessidade. Tudo posso naquele que me fortalece" (Filipenses 4.11-13).

- *Não viva praguejando* — "Portanto, não se preocupem, dizendo: 'Que vamos comer?' ou 'Que vamos beber?' ou 'Que vamos vestir?'" (Mateus 6.31); "Quem é cuidadoso no que fala evita muito sofrimento" (Provérbios 21.23).
- *Deixe de ser insuportável e agradeça a Deus* — "Façam tudo sem queixas nem discussões, para que venham a tornar-se puros e irrepreensíveis, filhos de Deus inculpáveis no meio de uma geração corrompida e depravada, na qual vocês brilham como estrelas no universo" (Filipenses 2.14-15);
- *Agradeça a Deus de novo, e de novo, e assim por diante* — "Deem graças em todas as circunstâncias, pois esta é a vontade de Deus para vocês em Cristo Jesus" (1 Tessalonicenses 5.18).
- *Faça tudo de coração para o próprio Senhor Jesus* — "Tudo o que fizerem, façam de todo o coração, como para o Senhor, e não para os homens, sabendo que receberão do Senhor a recompensa da herança. É a Cristo, o Senhor, que vocês estão servindo" (Colossenses 3.23,24).
- *Conviva com as incertezas por meio da fé em Deus* — "Ora, a fé é a certeza daquilo que esperamos e a prova das coisas que não vemos" (Hebreus 11.1).
- *Alegre-se em Cristo todo dia* — "Este é o dia em que o Senhor agiu; alegremo-nos e exultemos neste dia" (Salmos 118.24); "Alegrem-se sempre no Senhor. Novamente direi: Alegrem-se!" (Filipenses 4.4).
- *Seja fiel todos os dias* — "Então sempre cantarei louvores ao teu nome, cumprindo os meus votos a cada dia" (Salmos 61.8).
- *Pratique a Palavra de Deus* — "Ponham em prática tudo o que vocês aprenderam, receberam, ouviram e viram em mim" (Filipenses 4.9).

- *Seja humilde em seus relacionamentos* — "Sejam todos humildes uns para com os outros, porque 'Deus se opõe aos orgulhosos, mas concede graça aos humildes'" (1 Pedro 5.5).
- *Seja um pacificador, ajude as pessoas a se entenderem* — "Sim, peço a você, leal companheiro de jugo, que as ajude; pois lutaram ao meu lado na causa do Evangelho, com Clemente e meus demais cooperadores" (Filipenses 4.3); "Seja a amabilidade de vocês conhecida por todos. Perto está o Senhor" (Filipenses 4.5).
- *Esteja alerta e vigilante na vida espiritual* — "Estejam alertas e vigiem. O Diabo, o inimigo de vocês, anda ao redor como leão, rugindo e procurando a quem possa devorar. Resistam-lhe, permanecendo firmes na fé" (1 Pedro 5.8,9); "Vigiem e orem, o espírito está pronto, mas a carne é fraca" (Mateus 26).
- *Não perca a dimensão global da fé cristã, você não está sozinho* — "sabendo que os irmãos que vocês têm em todo o mundo estão passando pelos mesmos sofrimentos" (1 Pedro 5.9).

Novos hábitos

- *Contemple a natureza com regularidade* — "Observem as aves do céu" (Mateus 6.26); "Vejam como crescem os lírios do campo" (Mateus 6.28); "Ergam os olhos e olhem para as alturas: Quem criou tudo isso?" (Isaías 40.26); "Os céus declaram a glória de Deus; o firmamento proclama a obra das suas mãos. Um dia fala a outro dia; uma noite o revela a outra noite. Sem discurso nem palavras, não se ouve a sua voz. Mas a sua voz ressoa por toda a terra, e as suas palavras, até os confins do mundo" (Salmos 19.1-4).
- *Contemple as coisas boas e belas da vida (os lírios), e não apenas as coisas ruins e os delírios* — "Vejam como crescem os lírios do campo. [...] nem Salomão, em todo o seu esplendor vestiu-se como um deles" (Mateus 6.28,29).
- *Mantenha os pensamentos saudáveis* — "Finalmente, irmãos, tudo o que for verdadeiro, tudo o que for nobre, tudo o que for correto, tudo o que for puro, tudo o que for amável, tudo o que

for de boa fama, se houver algo de excelente ou digno de louvor, pensem nessas coisas" (Filipenses 4.8).

- *Louve a Deus todo dia* — "Todos os dias te bendirei e louvarei teu nome para todo sempre!" (Salmos 145.2).
- *Medite todo dia na Palavra* — "Como eu amo a tua lei! Medito nela o dia inteiro" (Salmos 119.97).
- *Proclame a justiça de Deus todo dia* — "Minha língua proclamará a tua justiça e o teu louvor o dia inteiro" (Salmos 35.28).
- *Ore todo dia* — "A ti, Senhor, clamo cada dia; a ti ergo as minhas mãos" (Salmos 88.9).
- *Ore com assertividade, apresentando seus pedidos a Deus* — "Não andem ansiosos por coisa alguma, mas em tudo, pela oração e súplicas, e com ação de graças, apresentem seus pedidos a Deus" (Filipenses 4.6).
- *Ore com fé* — "E tudo o que pedirem em oração, se crerem, vocês receberão" (Mateus 21.22).
- *Ore com a motivação correta, sem inveja e violência* — "Vocês cobiçam coisas, e não as têm; matam e invejam, mas não conseguem obter o que desejam. Vocês vivem a lutar e a fazer guerras. Não têm, porque não pedem. Quando pedem, não recebem, pois pedem por motivos errados, para gastar em seus prazeres" (Tiago 4.2,3).
- *Ore segundo a vontade de Deus* — "Esta é a confiança que temos ao nos aproximarmos de Deus: se pedirmos alguma coisa de acordo com a vontade de Deus, ele nos ouvirá. E se sabemos que ele nos ouve em tudo o que pedimos, sabemos que temos o que dele pedimos" (1 João 5.14,15).
- *Ore no nome de Jesus* — "E eu farei o que vocês pedirem em meu nome, para que o Pai seja glorificado no Filho. O que vocês pedirem em meu nome, eu farei" (João 14.13,14).
- *Ore com base em um relacionamento vivo com Jesus* — "Se vocês permanecerem em mim, e as minhas palavras permanecerem em vocês, pedirão o que quiserem, e lhes será concedido" (João 15.7).

5. **Promessas: há promessas para quem confia no Senhor**
   - *Deus não permitirá que passemos por uma situação impossível de ser superada com a graça dele* — "Não sobreveio a vocês tentação que não fosse comum aos homens. E Deus é fiel; ele não permitirá que vocês sejam tentados além do que podem suportar. Mas, quando forem tentados, ele mesmo lhes providenciará um escape, para que o possam suportar" (1 Coríntios 10.13).
   - *Deus conhece nossas necessidades* — "o Pai celestial sabe que vocês precisam delas" (Mateus 6.32); "porque o seu Pai sabe do que vocês precisam, antes mesmo de o pedirem" (Mateus 6.8).
   - *Deus tem cuidado de nós* — "Lancem sobre ele toda a sua ansiedade, porque ele tem cuidado de vocês" (1 Pedro 5.7).
   - *Deus continuará cuidando de nós* — "não vestirá muito mais a vocês, homens de pequena fé?" (Mateus 6.30); "Busquem, pois, em primeiro lugar o Reino de Deus e a sua justiça, e todas essas coisas lhes serão acrescentadas" (Mateus 6.33).
   - *A paz de Deus guardará nossa mente e nosso coração* — "E a paz de Deus, que excede todo o entendimento, guardará o coração e a mente de vocês em Cristo Jesus" (Filipenses 4.7).
   - *Deus nos sustentará e nos porá sobre firmes alicerces* — "O Deus de toda a graça, que os chamou para a sua glória eterna em Cristo Jesus, depois de terem sofrido durante um pouco de tempo, os restaurará, os confirmará, lhes dará forças e os porá sobre firmes alicerces. A ele seja o poder para todo o sempre. Amém" (1 Pedro 5.10,11).
   - *Deus está e sempre estará conosco* — "E o Deus da paz estará com vocês" (Filipenses 4.9); "E eu estarei sempre com vocês, até o fim dos tempos" (Mateus 28.20).

ORAÇÃO

Amado Pai,
que cuida de cada ave do céu e cada flor silvestre,
eu te amo de todo o meu coração,
perdoa os meus pecados.
Por tua misericórdia eu suplico,
vem em auxílio às nossas aflições.

Senhor,
dá-nos o pão nosso de cada dia,
socorre os famintos, os sedentos e os aflitos,
dá-nos direção, discernimento e esperança,
livra-nos da maldade e da injustiça.

Lançamos nossas ansiedades diante de ti
enche-nos com a paz que excede todo entendimento.

Usa nossas vidas para a tua glória,
queremos buscar o teu Reino e a tua justiça.

Ensina-nos a contar os nossos dias,
para que o nosso coração alcance sabedoria.

Nós te amamos, Senhor!

Oramos em teu nome, Jesus,

Amém.

Sobre o autor

DAVI Lago (São Paulo, 1986) é casado com a soprano Natalia Assunção e é pai da Maria. Coordenador de pesquisa no Laboratório de Política, Comportamento e Mídia (LABÔ/PUC-SP). Professor na Faculdade Teológica Batista de São Paulo. Apresentador do programa Futuro Imediato pela Univesp/TV Cultura. Doutorando em Filosofia e Teoria do Direito pela Universidade de São Paulo, e mestre em Teoria do Direito pela PUC-Minas. Embaixador da Visão Mundial e da Missão em Apoio à Igreja Sofredora. Membro do conselho gestor da Aliança Evangélica Cristã Brasileira. Membro do conselho deliberativo do Instituto Brasileiro de Direito e Religião. Membro da Rede Cristã de Advocacia Popular. Capelão da Primeira Igreja Batista de São Paulo. Seus textos e atuação já foram destaque em mídias como *Veja, G1, O Globo, TV Globo, Rádio CBN, TV Cultura, Folha de S. Paulo, O Estado de S. Paulo, SBT News, CNN Brasil, Jovem Pan, Gazeta do Povo, Revista Ana Maria, Metrópoles, Band News, Record News, HSM Management* e *Rolling Stone*. É autor *best-seller* de obras como *Ame o seu próximo: a ética radical de Jesus* (Mundo Cristão — vencedor do Prêmio Areté), *Brasil polifônico: os evangélicos e as estruturas de poder* (Mundo Cristão), *O evangelho da paz e o discurso de ódio* (GodBooks e Thomas Nelson — em coautoria com Craig Blomberg *et al.*), *Arte e espiritualidade: o cristão e a cultura brasileira* (Thomas Nelson — em coautoria com Rodolfo Amorim e Marcos Almeida), *A igreja do futuro e o futuro da igreja* (Ultimato — em coautoria com Christopher Wright *et al.*), *Carlos Nejar e o sagrado: aspectos literários, espirituais e proféticos* (Recriar — em coorganização com Kenner Terra), e *#Umdiasemreclamar* (Citadel — em coautoria com Marcelo Galuppo).

Notas

Introdução

1 SCHULZ, Charles M. *My anxieties have anxieties*. New York: Holt, Rinehart & Winston, 1977.

2 HORWITZ, Allan V. *Anxiety*: A short history. Baltimore: The Johns Hopkins University Press, 2013; PEARSON, P. *A brief history of anxiety (yours and mine)*. Toronto, ON: Random House Canada, 2007.

3 AUDEN, W. H. *The age of anxiety*: A baroque eclogue. New York: Random House, 1947.

4 SHAWN, Allen. *Leonard Bernstein*: An American musician. New Haven and London: Yale University Press, 2014, p. 82.

5 AMERICAN PSYCHIATRIC ASSOCIATION. *Diagnostic and Statistical Manual of Mental Disorders*, 3rd ed. Washington, DC: American Psychiatric Association, 1980; HOGE, Elizabeth A.; OPPENHEIMER, Julia E.; SIMON, Naomi M. “Generalized Anxiety Disorder”. *Focus*, Vol. II, n. 3, Summer, 2004, p. 346.

6 WORLD HEALTH ORGANIZATION. *Mental disorders*, 8 jun. 2022. Disponível em: <https://www.who.int/news-room/fact-sheets/detail/mental-disorders>. Acesso em: 6 ago. 2023; INSTITUTE OF HEALTH METRICS AND EVALUATION. Global Health Data Exchange (GHDx). *GBD Results*. Disponível em: <https://vizhub.healthdata.org/gbd-results/>. Acesso: 3 Ago 2023.

7 WORLD HEALTH ORGANIZATION. *Depression and other common mental disorders*: Global health estimates. Geneva: World Health Organization, 2017, p. 18.

8 WORLD HEALTH ORGANIZATION. *Mental health and covid-19*: Early evidence of the pandemic’s impact. Geneva: World Health Organization, 2022.

9 DOWBIGGIN, Ian R. “High anxieties: The social construction of anxiety disorders”, *The Canadian Journal of Psychiatry*, v. 54, n. 7, July 2009, p. 429.

10 HORWITZ, 2013, p. 9.

11 Português: ansiedade e angústia; castelhano: *ansiedad* e *angustia*; francês: *anxieté* e *angoisse*; italiano: *ansietà* e *angòscia*.

12 CROCQ, Marc-Antoine. “A history of anxiety: from Hippocrates to DSM”. *Dialogues in Clinical Neuroscience*, v. 17, n. 3, 2015, p. 321.

13 *Ibidem*, p. 321.

14 ARISTOTLE. *The Nichomachean ethics*. New York: Oxford World Classics, 1980, p. 127.

15 HORWITZ, 2013, p. 11.

16 HORWITZ, 2013, p. 17-18.

17 AMERICAN PSYCHIATRIC ASSOCIATION. *Manual diagnóstico e estatístico de transtornos mentais:* DSM-V. 5. ed. São Paulo: Artmed, 2014, p. 190-191.

18 AMERICAN PSYCHIATRIC ASSOCIATION, 2014, p. 195.

19 AMERICAN PSYCHIATRIC ASSOCIATION, 2014, p. 197; EATON, W. W.; BIENVENU, O. J.; MILLOVAN, B. "Specific phobias". *The Lancet Psychiatry*, v. 5, n. 8, 2018, p. 678-686.

20 AMERICAN PSYCHIATRIC ASSOCIATION, 2014, p. 202-203.

21 PINHEIRO, Jeane Dias. "Transtorno de pânico e ansiedade: Condições multifatoriais". *Research, Society and Development*, v. 11, n. 7, 2022, p. 3.

22 AMERICAN PSYCHIATRIC ASSOCIATION, 2014, p. 208.

23 *Ibidem*, p. 218.

24 *Ibidem*, p. 222.

25 BERGO, Bettina. *Anxiety*: A philosophical history. Oxford: Oxford University Press, 2021, p. 4.

26 YEO, In-Sok. "The birth of hospital, Asclepius cult and early Christianity". *Korean Journal of Medical History*, 26, Apr. 2017, p. 3-28.

27 NUTTON, Vivian. *Ancient medicine*. New York: Routledge, 2012, p. 306-307; MILLER, Timothy S. *The birth of the hospital in the Byzantine Empire*. Baltimore & London: Johns Hopkins University Press, 1997.

28 GUINAN, Patrick. "Christianity and the origin of the hospital". *The National Catholic Bioethics Quarterly*, Summer 2004, p. 257; RISSE, Guenter B. *Mending bodies, saving souls*: A history of hospitals. Oxford: Oxford University Press, 1999; WATSON, Sethina. *On hospitals*: Welfare, law, and Christianity in Western Europe, 400–1320. Oxford: Oxford University Press, 2020.

29 THORNBURY, Walter. St Bartholomew's Hospital in: *Old and new London: Volume 2*. London: Cassell, Petter & Galpin, 1878, p. 359-363. Disponível em: <http://www.british-history.ac.uk/old-new-london/vol2/pp359-363>. Acesso em: 4 Ago 2023.

30 MOORE, John C. A brief history of universities. Switzerland: Palgrave Macmillan, 2019; GRANT, Edward F. *The Foundations of Modern Science in the Middle Ages*: Their religious, institutional and intellectual contexts. Cambridge University Press, 1996.

31 TILLICH, Paul. *The courage to be*. New Haven, CT: Yale University Press, 1952.

32 HENDRIX, Harville. "The ontological character of anxiety". *Journal of Religion and Health*, v. 6, n. 1, 1967, p. 47.

33 BALTHASAR, Hans Urs von. *The christian and anxiety*. San Francisco: Ignatius Press, 1994; cf. obra original: BALTHASAR, Hans Urs von. *Der christ und die angst*. Einsiedeln: Johannes Verlag, 1951.

34 O discurso de Jesus sobre as ansiedades no Sermão do Monte tem um correlato em Lucas 12.22-34.

Capítulo 1

35 Os cinco grandes discursos de Jesus no evangelho de Mateus são: (1) Mateus 5—7: Sermão do Monte; (2) Mateus 10: instruções sobre a missão; (3) Mateus 13: as parábolas do Reino; (4) Mateus 18: instruções sobre a Igreja; e (5) Mateus 24—25: sermão sobre o fim dos tempos.

36 PELIKAN, Jaroslav. *Divine Rhetoric: The Sermon on the Mount as Message and as Model in Augustine, Chrysostom, and Luther.* Crestwood, NY: St Vladimir's Seminary Press, 2001.

37 POLISCHUK, Pablo; KANG, Hyun M. S. "From Text to Therapy: Dealing with Anxiety Conceptual Integration Based on Philippians 4.5-9". *Journal of Psychology and Theology,* 48(4), 2020, p. 292-307.

38 BETZ, Hans Dieter. *The Sermon on the mount: A commentary on the Sermon on the mount, including the Sermon on the plain (Matthew 5:3-7.27 and Luke 6.20-49).* (Hermeneia). Minneapolis: Fortress Press, 1995, p. 458.

39 Mateus 6.24 é uma composição de considerável engenhosidade retórica. As palavras de Jesus estão organizadas em três partes. A parte inicial é um provérbio de natureza legal que utiliza aliteração e assonância: "Ninguém pode servir a dois senhores". A segunda parte explica a primeira sentença apresentando evidências baseadas na observação: "pois odiará um e amará o outro, ou se dedicará a um e desprezará o outro". As evidências estão postas formalmente em dois paralelismos antitéticos que se interpretam mutuamente em um quiasmo (odiar—amar, dedicar—desprezar). A primeira linha estabelece um julgamento ético, enquanto a segunda faz uma observação psicológica; a observação psicológica, por sua vez, serve como fundamento para o julgamento ético. A terceira parte é uma conclusão, formulada em contraste com a primeira parte, e sumariza o ponto doutrinário que é o alvo do argumento. É uma conclusão em forma negativa, assim como a abertura, mas apresenta uma mudança da forma descritiva das primeiras partes (terceira pessoa do singular), para uma forma prescritiva (segunda pessoa do plural). Assim, a conclusão é parenética, ou seja, trata-se de uma instrução ética para os ouvintes.

40 PIERSON, Arthur T. *George Müller and his witness to a prayer-hearing God.* New York: Fleming H. Revell, 1899, p. 437.

Capítulo 2

41 KIERKEGAARD, Søren. "The anxieties of the heathen". In: KIERKEGAARD, Søren. *Christian Discourses and the lilies of the field and the birds of the air and three discourses at the communion on Fridays.* London: Oxford University Press, 1939, p. 17-39.

42 TURNER, David L. Matthew. (Baker exegetical commentary of the New Testament). Grand Rapids, Michigan: Baker, 2008, p. 198; DANA, H. E.; MANTEY, Julius R. *A manual grammar of the Greek New Testament.* Toronto: Macmillan, 1955, p. 301-302; MOULTON, James Hope; TURNER, Nigel. *A grammar of New Testament Greek,* v. 3: Syntax. Edinburgh: T&T Clark, 1963, p. 74-78; WALLACE, Daniel B. *Greek grammar beyond the basics.* Grand Rapids: Zondervan, 1996, p. 723-725.

43 Essa frase, também conhecida como "Cerca de Chesterton", é uma síntese da ideia defendida por Gilbert Keith Chesterton na obra *The thing* (1929), no início do capítulo "The drift from domesticity", CHESTERTON, G. K. *The thing.* London: S&W, 1929, p.35.

44 BAUER, Monika A.; WILKIE, James E. B.; KIM, Jung K.; BODENHAUSEN, Galen V. "Cuing Consumerism: Situational materialism undermines personal and social well-being", *Psychological Science,* v. 23, 2012, p. 517-523.

45 SHULDT, Jürgen. *Civilización del desperdicio:* psicoeconomía del consumidor. Lima: Universidad del Pacífico, 2013, p. 11.

46 BOTTON, Alain de. *Status anxiety.* London: Hamish Hamilton, 2004, p. 9.

47 KINGSMITH, A. T. "The anxiety industry: At the limits of anxious *consumerism*", *Public Seminar,* May 17, 2019.

48 SALES, St. Francis de. *An introduction to the devout life.* Fort Collins, CO; Greenwood Village, CO: Ignatius Press; Augustine Institute, 2015, p. 143.

49 BRUEGGEMANN, Walter. *Sabbath as resistance:* Saying no to the culture of now. Louisville, Kentucky: Westminster John Knox Press, 2017.

50 "Productivity and creativity, which were to become the highest ideals and even the idols of the modern age in its initial stages, are inherent standards of homo faber, of man as a builder and fabricator". *In:* ARENDT, Hannah. *The human condition.* Chicago: University of Chicago Press, 1958, p. 296.

51 CRAFTS, Nicholas. "The First Industrial Revolution: Resolving the slow growth/rapid industrialization paradox". *Journal of the European Economic Association,* v. 3, n. 2/3, apr/may, 2005, p.525-534. Oxford: Oxford University Press, 2005.

52 RUTKAUSKAS, Jonas; PAULAVIČIENĖ, Eimenė. "Concept of Productivity in Service Sector". *Engineering Economics,* v. 43, n. 3, 2005; TANGEN, Stefan. "Understanding the concept of productivity". Proceedings of the 7th *Asia Pacific engineering and management systems conference.* Taipei, 2002; SHARPE, Andrew. "Productivity concepts, trends and prospects: An overview". *In: The review of economic performance and social progress 2002.* Montreal: Institute for Research on Public Policy, 2002.

53 BERARDI, Franco. *Depois do futuro.* São Paulo: Ubu, 1919, p. 18

54 LIPOVETSKY, Gilles. *A felicidade paradoxal:* ensaio sobre a sociedade de hiperconsumo. São Paulo: Companhia das Letras, 2007, p. 264.

55 GRZYB, Jo Ellen; CHANDLER, Robin. *The nice factor:* The art of saying no. London: Fusion Press, 2008, pp. 24-27.

Capítulo 3

56 TILLICH, Paul. *The courage to be.* New Haven, CT: Yale University Press, 1952, p. 35.

57 O princípio *qal wahomer* estabelece um modo de raciocinar a partir da comparação entre ideias fáceis e difíceis, brandas e rigorosas, menores e maiores. Duas outras expressões também aparecem na literatura rabínica para referenciar esse tipo de argumento: *kol ela ken* (que significa "de todos os... ainda mais") e *al achat kama vekama* ("se isto... quanto mais isto"). Foi Hillel, o Ancião, quem sistematizou as *Sete Middoth* (regras de interpretação): (1) *Qal wahomer,* princípio "leve e pesado", isto é, inferência do menor para o maior; (2) *Gezerá shawah,* inferência feita por analogia, por comparação a uma situação semelhante ou palavras ou frases semelhantes; (3) *Binyan 'ab mikathub 'ehad,* construção de uma família a partir de uma passagem, isto é, um princípio geral inferido de um versículo; (4) *Binyan "ab mishene ketuvim,* construção de uma família a partir de duas passagens, isto é, generalizar a partir de uma combinação de dois textos bíblicos; (5) *Kelal upherat,* princípio "geral e específico", isto é, um princípio geral pode ser qualificado por regras específicas e, inversamente, regras particulares podem ser expandidas para generalizações; (6) *Kayo'e bo bemaqom "aher,* princípio da semelhança, significa "como aparece em outro texto bíblico" e pressupõe que a dificuldade de interpretação de uma passagem pode ser resolvida a partir da comparação com outro texto; (7) *Dabar halamed me 'illyallo*, princípio segundo o qual o significado do texto pode ser estabelecido pelo contexto, ZEITLIN, "S. Hillel and the hermeneutic rules". *The Jewish Quarterly Review*, v. 54, n. 2, 1963, p. 161-173; SION, Avi. *Logic in the Talmud:* A thematic compilation. Geneve: The Logician, 2018; KING, Linda. "Jesus argued like a jew", *Leaven*, v. 19, n. 2, Article 5, 2011.

58 Diversas culturas, além da hebraica, utilizaram este estilo de ensino, cf. HOUGHTON, Herbert P. *Moral significance of animals as indicated in Greek proverbs.* Amherst, MA: Carpenter & Morehouse, 1915, p. 54.

59 ANDRADE, Carlos Drummond. *O avesso das coisas.* Rio de Janeiro: Record, 1990, p. 16.

60 ECKHART, Meister. *The complete mystical works of Meister Eckhart.* New York: Herder & Herder, 2009, p. 345.

61 DESMOND, William. *A filosofia e seus outros*: modos do ser e do pensar. São Paulo: Edições Loyola, 2000, p. 152.

62 DALMAN, Gustaf. *Orte und wege Jesu.* 2. ed. Gütersloh: Bertelmann, 1921, p. 139.

63 LUZ, Ulrich. *Matthew 1-7*: a commentary. (Hermeneia). Minneapollis: Fortpress, 2007, p. 343.

64 CHRYSOSTOM, John. "The gospel of Matthew, Homily 22.1". *In*: SIMONETTI, Manlio (ed.). *Ancient christian commentary on Scripture.* New Testament: Matthew 1–13. Downers Grove, Illinois: InterVarsity Press, 2001, p. 123.

65 KELLER, Tim. *A fé na era do ceticismo*: como a razão explica Deus. São Paulo: Vida Nova, 2015, p. 247.

66 WALZER, Michael. *The revolution of the* saints: A study in the origins of radical politics. London: Weidenfeld and Nicolson, 1966.

67 FERGUSSON, David. *The providence of God*: A polyphonic approach. New York: Cambridge University Press, 2018.

68 JIMENEZ, M. P. *et al.* "Associations between nature exposure and health: A review of the evidence". *International Journal of Environmental Research and Public Health*, 18, 4790, 2021, p. 1-19; TURUNEN, A. W. *et al.* "Cross-sectional associations of different types of nature exposure with psychotropic, antihypertensive and asthma medication". *Journal of Occupational and Environmental Medicine*, 80, 2023, p. 111-118; MCDONALD, R. I.; BEATLEY, T.; ELMQVIST, T." The green soul of the concrete jungle: the urban century, the urban psychological penalty, and the role of nature". *Sustainable Earth*, v. 1, n. 3, 2018, p. 1-13; HAMLIN, M. *et al.* "Long-term effectiveness of the New Zealand green prescription primary health care exercise initiative". *Public Health*, 140, 2016, p. 102-108.

69 Disponível em: <https://www.hsph.harvard.edu/news/hsph-in-the-news/spend-time-outdoors-itll-improve-your-health-say-experts/>. Acesso em: 22 jul. 2023.

70 QUINTANA, Mário. *Caderno H.* 9. ed. São Paulo: Globo, 2003, p. 147.

71 SPURGEON, Charles Haddon. "Lessons from nature" (Sermon n. 1005). *In*: SPURGEON, Charles Haddon. *The Metropolitan Tabernacle Pulpit — Volume 17.* London: Passmore & Alabaster, 1872, p. 445-446.

72 Summa Theologica, I, 47, 1. *In*: AQUINATIS, S. Thomae. *Summa Theologica.* Parissis [Paris]: Apud Bloud et Barral, 1880, p. 388.

73 ALVES, Rubem. *Pinóquio às avessas*: uma estória sobre crianças e escolas para pais e professores. Campinas, SP: Verus, 2005, p.7.

74 HUIZINGA, Johan. *Homo ludens:* o jogo como elemento da cultura. São Paulo: Perspectiva, 2010.

75 ROBBINS, Jim. *The wonder of birds.* New York: Spiegel & Grau, 2017, p. 272.

76 YURICA, Carrie L.; DITOMASSO, Robert A. "Cognitive distortions". *In*: FREEMAN, Arthur. *Encyclopedia of cognitive behavior therapy.* New York: Springer, 2005, p. 117-122.

77 KNOWLES, R.; MCCARTHY-JONES, S.; ROWSE, G. "Grandiose delusions: A review and theoretical integration of cognitive and affective perspectives". *Clinical Psychology Review,* v. 31, n. 4, 2011, p. 684-696.

78 DONZÉ, Pierre-Yves; POUILLARD, Véronique; ROBERTS, Joanne (eds.). *The Oxford handbook of luxury business.* Oxford: Oxford University Press, 2022, p. 1; LIMA, Monique. Mercado global de luxo atinge € 1,38 trilhão em vendas em 2022. *Forbes*, [*s. l.*], 6 fev. 2023. Disponível em: <https://forbes.com.br/forbes-money/2023/02/mercado-global-de-luxo--atinge-e-138-trilhao-em-vendas-em-2022/>. Acesso em: 27 jul. 2023.

79 KOVESI, Catherine (ed.). *Luxury and the ethics of greed in early modern Italy.* Turnhout: Brepols, 2018, p. XV.

80 Para compreender a lógica da distinção e o poder simbólico das elites econômicas e culturais, cf. BOURDIEU, Pierre. *A distinção:* crítica social do julgamento. São Paulo: EDUSP, 2007; BORDIEU, Pierre. *O poder simbólico.* Rio de Janeiro: Bertrand Brasil, 2002.

Capítulo 4

81 PRATNEY, Winkie A. *A natureza e o caráter de Deus*: A magnífica doutrina da salvação ao alcance de todos. São Paulo: Vida, 2004, p. 407.

82 BARTH, Karl. *The christian life.* London: Bloomsbury T&T Clark, 2017, p. 154.

83 BETZ, 1995, p. 465.

84 A visão de Deus reinando de seu trono é repetida muitas vezes na Bíblia (1Reis 22.19; Salmos 11.4; 45.6; 47.8-9; Isaías 6.1; Ezequiel 1.26; Daniel 7.9; Hebreus 12.2; Apocalipse 3.21, 4.2). Somos constantemente lembrados, em termos explícitos, de que o Senhor reina como rei (Êxodo 15.18; Salmos 47; 93; 96.10; 97; 99.1-5; 146.10; Provérbios 16.33; 21.1; Isaías 23.23; 52.7; Daniel 4.34-35; 5.21-28; 6.26; Mateus 10.29-31) e o seu domínio é total: nada pode deter seu propósito ou frustrar os seus planos. Ele exerce o seu governo no curso natural da vida, bem como nas intervenções sobrenaturais.

85 A "justiça" no Sermão do Monte certamente implica o conceito teológico da *justificação pela fé*, isto é, o ato divino em que Deus, santo e justo, torna os humanos — pecadores e, por isso, merecedores de condenação — aceitáveis diante dele. Essa doutrina foi fundamental para os teólogos que aderiram à Reforma Protestante, pois enfatiza que o relacionamento do ser humano com Deus se dá exclusivamente pela fé na graça divina manifesta em Jesus Cristo, e não por obras. No Sermão do Monte, porém, o foco parece estar nas implicações práticas de uma vida transformada pelo reino de Deus. Trata-se da justiça que se apresenta como ideal de santidade e condensa o modo de viver que agrada a Deus.

86 WESLEY, John. *O Sermão do Monte.* São Paulo: Vida, 2010, p. 210.

87 EARNHART, Paul. *O Sermão da Montanha:* Extraindo os tesouros das Escrituras — Exposições práticas. São Paulo: Dennis Allan, 1997, p. 78.

88 WESLEY, John. *O Sermão do Monte.* São Paulo: Vida, 2010, p. 202.

89 KIERKEGAARD, Søren. The instant", n. VII. *In*: KIERKEGAARD, Soren. *Attack upon "christendom".* Princeton: Princeton University Press, 1968, p. 208-209.

90 Para conhecer o projeto *Monumento mínimo*, de Néle Azevedo, ver: <https://www.neleazevedo.com.br/monumento-minimo>. Acesso em: 3 ago. 2023.

91 KIEERKGAARD, Søren. *The concept of anxiety*: A simple psychologically orienting deliberation on the dogmatic issue of hereditary sin. Princeton: Princeton University Press, 1980.

92 No original, em latim: "*hominis ingenium perpetuam, ut ita loquar, esse idolorum fabricam*", cf. CALVINO, Iohanne. *Institvtio Christianae Religionis.* Genevae: Oliva Roberti Stephani, 1554, p. 26.

93 CHAMPION, François; HERVIEU-LÉGER, Danièle. *De l'émotion en religion*: Renouveu et traditions. Paris: Centurion, 1990.

94 LIPOVETSKY, Gilles. *A sagração da autenticidade.* Coimbra: Edições 70, 2022, p. 212.

95 *Ibidem*, p. 216.

96 CABANAS, Edgar; ILLOUZ, Eva. *Happycracia*: Fabricando cidadãos felizes. São Paulo: Ubu Editora, 2022, p. 206.

97 SAVATER, Fernando. *Ética urgente!* São Paulo: SESC, 2014, p.75-76.

98 Para um estudo sobre a relação do livro de Jó com o Sermão do Monte, cf. BROWN, Robert Dale. "Job 31: the Sermon on the Mount in the Old Testament". *MA Theses.* Paper 8 (2007).

99 Pensamento §403; PASCAL, Blaise. *Pensamentos.* São Paulo: Martins Fontes, 2005, p. 154.

100 Pensamento §148; *Ibidem*, p. 60.

101 AGOSTINHO. *Confissões.* São Paulo: Paulus, 1984, p. 15.

102 A frase é citada universalmente em púlpitos evangélicos desde o início do século 20. O Instituto Moody a incorporou no próprio layout de seu website, cf. <https://www.moody.edu/academics/> Acesso em: 7 ago 2023.

103 ASSEMBLEIA DE WESTMINSTER. *Confissão de fé de Westminster.* São Paulo: Cultura Cristã, 2001, p. 121.

104 DOSTOIÉVSKI, Fiódor M. "Polnoe sobranie sochinenii v 30 tomakh (komplekt iz 33 knig)". Leningrad: Institutom russkoy literatury (Pushkinskim domom) Akademii nauk SSSR, 27: p. 86 *apud*: SCANLAN, James P. "Dostoevsky's arguments for immortality". *The Russian Review*, v. 59, n. 1, Jan. 2000, p. 1-20.

105 GESCHE, A. *O cosmo.* São Paulo: Paulinas, 2004, p. 289.

106 CARSON, D. A. *O Sermão do Monte:* exposição de Mateus 5-7. São Paulo: Vida Nova, 2018, p. 105.

107 SPURGEON, Charles Haddon. *Sermões de Spurgeon sobre o Sermão do Monte.* Curitiba: Pão Diário, 2021, p. 74.

108 MCLAUGHLIN, Mignon. *The complete neurotic's notebook.* Indianapolis, Indiana: Castle Books, 1981.

109 GALLUP. *State of the Global Workplace:* 2023 Report. Washington, DC: Gallup, 2023, p. 4.

110 LIPOVETSKY, Gilles. *A sagração da autenticidade.* Coimbra: Edições 70, 2022, p. 219.

111 GRAEBER, David. *Bullshit Jobs.* London: Allen Lane/Penguin, 2018.

112 LIPOVETSKY, 2022, p. 122.

113 Disponível em: <https://www.electronicshub.org/the-average-screen-time-and-usage--by-country/>. Acesso em: 3 ago. 2023.

114 SVENDSEN, Lars. *Filosofia do tédio.* Rio de Janeiro: Jorge Zahar Editor, 2006, p. 28.

115 *Ibidem*, p. 32, 83.

116 FRANKL, Viktor E. *Die sinnfrage in der psychotherapie.* Zürich-München: Piper, 1981, p. 59.

117 FRANKL, Viktor E. *Man's search for meaning.* Boston: Beacon Press, 2006, p. 99.

118 GEETZ, C. *Religion as cultural system in the interpretation of cultures.* New York: Basic Books, 1973.

Capítulo 5

119 A frase da designer Ida Feldman foi elaborada em 27 de maio de 2015, viralizou nas mídias sociais e se transformou em estampa para diversos produtos. Disponível em: <https://www.instagram.com/p/7C699-Gf38/>. Acesso em; 6 ago. 2023.

120 VAKOCH, Douglas A.; MICKEY, Sam (eds.). *Eco-anxiety and pandemic distress:* Psychological perspectives on resilience and interconnectedness. Oxford: Oxford University Press, 2023; PIHKALA, Panu. "Anxiety and the ecological crisis: An analysis of eco-anxiety and climate anxiety". *Sustainability*, 12, 2020, p. 7836; KELSEY, Elin. *Hope matters*: Why changing the way we think Is critical to solving the environmental crisis. Vancouver and Berkeley: Greystone Books, 2020.

121 Panu Pihkala afirma que a maioria das fontes acadêmicas que discutem a relação entre cuidado espiritual e ecoansiedade se concentra na fé cristã, cf. PIHKALA, Panu. "Eco-anxiety and pastoral care: Theoretical considerations and practical suggestions". *Religions*, 13, 2022, p. 192.

122 BUCCI, Eugênio. *Incerteza, um ensaio*: como pensamos a ideia que nos desoriente (e orienta o mundo digital). Belo Horizonte: Autêntica, 2023, p. 61.

123 Sintetizado de GRAHAM, Billy. *Billy Graham responde.* São Paulo: Vida, 1993, p. 207.

Capítulo 6

124 CHRYSOSTOM, John. Homilies on Philippians. (Society of Biblical Literature. Writings from the Greco-Roman world; volume 36). Atlanta: Society of Biblical Literature, 2013, p. 7.

125 HOLLOWAY, Paul A. *Consolation in Philippians*: Philosophical sources and rhetorical strategy. Cambridge: Cambridge University Press, 2004, p. 55.

126 1.4,18 (duas vezes), 25; 2.2,17 (duas vezes), 18 (duas vezes), 28, 29; 3.1; 4.1, 4 (duas vezes), 10.

127 SILVA, Ana Beatriz Barbosa. *Mentes ansiosas*: o medo e a ansiedades nossos de cada dia. Porto Alegre: Principium, 2017, p. 103.

128 *Ibidem*, p. 103.

129 HEIL, John Paul. *Philippians*: Let us rejoice in being conformed to Christ. Atlanta: Society of Biblical Literature, 2010, p. 154.

130 Entre os textos clássicos, podemos citar, por exemplo: Diodoro Sículo, em *Biblioteca Histórica*, 16, p.3-7; Apiano, em *Guerra Civil*, livro 4, p. 105-138; Cassius Dio, em *História Romana*, 47, p. 35-49; Plínio, o Velho, em *História Natural* 4,42; Plutarco em *Vida de Brutus*, p. 38-53; no período pré-renascentista: Estrabão, em *Geografia*, livro 7, fragmentos 41 e 42; a obra seminal na pesquisa moderna sobre a história de Filipos foi escrita por Paul Collart (1902-1981), cf. COLLART, Paul. *Philippes*: ville de Macédoine, depuis ses origines jusqu'à la fin de l'époque romaine. Paris: Boccard, 1937; para uma breve introdução às pesquisas arqueológicas sobre Filipos, cf. GOUNARI, Emmanouela. "The roman mosaics from Philippi: Evidence of the presence of romans in the city". *Bolletino di Archeologia*, Volume Speciale, 2010; para uma análise multidisciplinar sobre a transformação de Filipos no período cristão, cf. FRIESEN, Steven J.; LYCHOUNAS, Michalis; SCHOWALTER, Daniel N. (eds.). *Philippi, from colonia augusta to communitas christiana*: Religion and society in transition. (Novum Testamentum, Supplements, Volume 186). Leiden: Brill, 2021.

131 Os textos dos historiadores antigos quanto à relação entre Krenides e Datos são divergentes, de modo que Datos é apontada como uma cidade diferente de Krenides por alguns, mas como sinônimo de Krenides por outros. O nome Datos também é comumente romanizado como Dateni, Datus e Daton.

132 KOUKOULI-CHRYSANTAKI, Chaido. "Colonia Iulia Augusta Philippensis". *in*: BAKIRTZIS, Charalambos; KOESTER, Helmut. *Philippi at the Time of Paul and after His Death*. Eugene, Oregon: Wipf and Stock Publishers, 2009, p. 5-7.

133 SCHULER, Carl. "The Macedonian politarchs", *Classical Philology*, v. 55, n. 2, 1960, p. 90.

134 Conforme Franciso Orofino, após a conquista romana, "a província da Macedônia foi então dividida em quatro distritos. Filipos ficou pertencendo ao primeiro distrito, cuja capital era Anfípolis" (OROFINO, Francisco. "Filipos: Colonia Augustus Iulia Victrix Philippensium", *Estudos Bíblicos*, v. 27, n. 102, 2021, p. 14-17).

135 Para um estudo sobre a importância política e arqueológica da Via Egnatia, cf. HATZOPOULOS, Miltiades B. "The Via Egnatia between Thessalonike and Apollonia", *Society for Macedonian Studies,* v. 7, 1997, p. 199-212.

136 SHEPPARD, Si. *Philippi 42 BC:* The death of the Roman Republic. Oxford: Osprey Publishing, 2008, p. 15.

137 Além de Filipos, outras colônias foram estabelecidas neste período, como Arausio, Lugdunum, Raurica e Celsa, cf. OSGOOD, Josiah. *Caesar's legacy: Civil war and the emergence of the Roman Empire*. Cambridge: Cambridge University Press, 2006, p. 145, n. 132.

138 Cassius Dio, *História Romana* 51,4,6 (CASSIUS DIO. *Roman History*. Translated by Earnest Cary. Loeb Classical Library, v. 6. Cambridge, MA: Harvard University Press, 1917, p. 15; COLLART, 1937, p. 228-237.

139 HELLERMAN, Joseph H. *Reconstructing honor in roman Philippi*: Carmen Christi as cursus pudorum. (Society for New Testament Studies Monograph Series: 132). Cambridge: Cambridge University Press, 2005, p. 127.

140 BRELÁZ, Cédric. "First-Century Philippi: Contextualizing Paul's Visit". *In*: HARRISON, James R.; WELBORN, L. L. *The first urban churches 4:* Roman Philippi. Atlanta: SBL, 2018, p. 160.

Conclusão

141 NANEVA, Stanislava; GOU, Marina Sarda; WEBB, Thomas L. et al. "A systematic review of attitudes, Anxiety, acceptance, and trust towards social robots". *International Journal of Social Robots,* v. 12, 2020, p. 1179-1201; CHANSEAU, Adeline *et al.* "Who is in charge? Sense of control and robot anxiety in Human-Robot Interaction". 25th *IEEE International Symposium on Robot and Human Interactive Communication (RO-MAN),* 2016; MUÑOZ, Olga Revilla *et al.* "Reducing techno-anxiety in high school teachers by improving their ICT problem-solving skills", *Behaviour & Information Technology,* v. 36, n. 3, 2016, p. 255-268; LIANG, Yuhua; LEE, Seungcheol A. "Fear of autonomous robots and artificial intelligence: Evidence from national representative data with probability sampling". *International Journal of Social Robotics,* v. 9, n. 3, 2017, p. 379-384.

142 PATEL, Neel V. "What happens when you're terrified of space?", Inverse, Oct 30, 2016; OLUWAFEMI, Emmanuela. "Spacephobia: The fear of space". *A Soothing Living,* 2023. Disponível em: <https://asoothingliving.com/spacephobia/>; SPACEPHOBIA (Fear of outer space). Psych Times, [s. d.]. Disponível em: <https://psychtimes.com/spacephobia-fear-of-outer-space/>. Acesso em: 4 ago. 2023.

Esta obra foi composta em *Karmina*
e impressa por Gráfica Expressão e Arte sobre papel
Offset 90 g/m² para Editora Vida.